Günter Bayerl Padilha

MATRICE AFRICAINE TERREIROS

Günter Bayerl Padilha

MATRICE AFRICAINE TERREIROS

UNE CARTOGRAPHIE EN BOA VISTA- RORAIMA

ScienciaScripts

Imprint

Any brand names and product names mentioned in this book are subject to trademark, brand or patent protection and are trademarks or registered trademarks of their respective holders. The use of brand names, product names, common names, trade names, product descriptions etc. even without a particular marking in this work is in no way to be construed to mean that such names may be regarded as unrestricted in respect of trademark and brand protection legislation and could thus be used by anyone.

Cover image: www.ingimage.com

This book is a translation from the original published under ISBN 978-620-2-56128-0.

Publisher:
Sciencia Scripts
is a trademark of
International Book Market Service Ltd., member of OmniScriptum Publishing Group
17 Meldrum Street, Beau Bassin 71504, Mauritius
Printed at: see last page
ISBN: 978-620-2-70787-9

TABLE DES MATIÈRES

INTRODUCTION

Les questions actuelles concernent le contexte amazonien et la région amazonienne. Une de ces connotations est que l'Amazonie est un espace occupé par des populations indigènes et traditionnelles, oubliant ainsi complètement l'existence de populations noires à l'intérieur et dans les urbanisations qui ont rapidement transformé la réalité amazonienne ces dernières années.

L'invisibilité des populations noires dans le contexte amazonien est une préoccupation centrale de cette enquête, qui est motivée pour rechercher dans les manifestations culturelles de la région la présence d'une expression afro-brésilienne. Nous savons que l'Amazonie, depuis le "cycle du caoutchouc" au XIXe siècle jusqu'aux activités minières les plus récentes, a accueilli une masse de migrants qui ont apporté avec eux leurs traditions et leurs croyances. En outre, il existe dans la région d'importants vestiges d'esclaves qui utilisaient la main-d'œuvre africaine dans leurs activités commerciales, que l'on appelle aujourd'hui les vestiges des Quilombos.

À la fin des années 1970 et au début des années 1980, avec l'extension du garimpo de Roraima et la construction de la BR 174 reliant Boa Vista à Manaus - A. M. et, par conséquent, vers le nord-est et d'autres régions du pays, c'est le début du flux migratoire du Maranhão vers l'État. C'est donc à partir de cette période que la présence d'Afro-brésiliens à Boa Vista est enregistrée, principalement dans les quartiers périphériques de la ville.

La question est la suivante : y a-t-il des Umbanda et des Candomblé Terreiros à Boa Vista ? Combien ? Pourquoi ne sont-ils pas visibles ?

La recherche de cette réponse s'inscrit dans l'observation primaire des dynamiques sociales et des manifestations culturelles qui existent dans la ville de Boa Vista, comme le carnaval et les rodas de capoeira qui dénoncent l'existence d'une expression culturelle étroitement liée aux racines afro-brésiliennes. Cependant, il ne suffit pas de percevoir l'existence ou non d'une population afro-brésilienne à Boa Vista, il faut diagnostiquer au préalable quels aspects favorisent l'invisibilité de cette niche de population conforme à la bonne société urbaine. Ainsi, le premier chapitre abordera les preuves culturelles africaines et les pressions idéologiques qui nient et dévalorisent la construction d'une identité afro-brésilienne au Brésil et, par conséquent, dans la région du Nord.

Afin de mieux comprendre la cosmovision afro-brésilienne à Boa Vista, le parti pris religieux du Candomblé et de l'Umbanda se fonde sur deux manifestations de résistance et de syncrétisme qui résultent du processus historique d'une activité productive basée sur l'esclavage des Africains. Ainsi, le deuxième chapitre apportera, en termes généraux, les éléments fondateurs du Candomblé et de l'Umbanda afin d'avoir une idée de ce qui peut être trouvé dans la troisième étape de l'enquête, c'est-à-dire la localisation et la cartographie des Terreiros existants à Boa Vista.

Le troisième chapitre apporte l'expérience du travail de terrain, depuis la première étape de localisation des aspects extérieurs qui ont dénoncé le fonctionnement d'une matrice africaine terreiro de religião, c'est-à-dire un drapeau blanc hissé sur le bambou, jusqu'aux résultats des conversations avec les pères et les mères de Santo pour connaître les particularités de chacun des 21 terreiros qui ont été localisés, identifiés et cartographiés pendant la période de recherche, qui a commencé dans la seconde moitié d'octobre 2006 et s'est achevée dans la seconde moitié de mars 2007.

Avec ce travail, nous voyons que l'expression culturelle afro-brésilienne est présente à Boa Vista à travers les Terreiros de Candomblé et Umbanda, principalement dans la périphérie de la ville, où ils sont un instrument de conservation et de transmission des connaissances et des traditions vitales pour la continuité de leur existence en tant qu'afro-descendants. Il y a une invisibilité flagrante des terreiros dans la municipalité de Boa Vista, ce qui rend très difficile pour eux d'organiser et d'articuler les luttes afin que leurs droits soient garantis.

CHAPITRE I

1.   UN REGARD : IMPRESSIONS, AGITATION ET ANALYSE DES ASPECTS CULTURELS DES AFRO-DESCENDANTS.

Lorsque je suis arrivé à Boa Vista le 2 février 2002, j'ai porté dans mon imagination que la région du Nord était une immense mer verte habitée par des indigènes, des riverains et des migrants. En marchant dans les rues de Boa Vista, j'ai essayé d'identifier chez les gens des caractéristiques physiques et culturelles qui prouveraient mon imaginaire. Mais je me suis vite rendu compte que Roraima avait plus de richesses culturelles que mon imaginaire de migrant du sud ne pouvait en englober. Bien sûr, au premier plan, on peut observer la dispute pour les terres indigènes, qui révèle l'importance politique et culturelle des populations indigènes qui habitent l'État. En arrière-plan, nous pouvons observer l'importance de la migration vers Roraima, plus précisément dans la période des années 1980, le pic de l'exploitation minière.

Le deuxième plan de mon regard d'observateur, qui aiguise ma curiosité et m'invite à entrer à l'Université fédérale de Roraima - UFRR, dans le cadre des sciences sociales, afin que je puisse trouver des réponses aux raisons pour lesquelles mon imagination indigène de la région du Nord ne s'est pas confirmée. Mais, même ainsi, c'est cet imaginaire qui a été renforcé en dehors de l'État. Comprendre ce deuxième plan était le grand objectif de mes études. Mais je me suis vite rendu compte qu'il y avait de nombreux détails à élucider, par exemple : pourquoi les migrants sont-ils pasteurisés et homogénéisés comme si la migration leur enlevait leurs caractéristiques culturelles et ethniques uniques ? Pourquoi le migrant est-il nécessairement considéré comme un allié de l'oligarchie locale dans la lutte pour l'occupation des terres indigènes ? Pourquoi ne parle-t-on pas des personnes d'origine africaine comme d'un groupe spécifique qui contribue à la construction de l'État de Roraima ?

D'après les lectures et les observations faites dans les rues de Boa Vista, la dernière question tient compte de mes préoccupations scientifiques. J'ai pu observer des manifestations culturelles timides de personnes d'origine africaine, par exemple le Carnaval qui se tient ici, qui est une caricature du Carnaval de Rio de Janeiro et qui est également influencé par le Bœuf de Manaus. On voit quelques rodas de capoeira se jouer sur les places, mais il n'y a pas d'expression musicale afro comme axé qui existe à Bahia, mais il y a le reggae chanté par les immigrants afros de la République coopérative de Guyane et un magasin d'articles religieux pour les cultes candomblé et ombanda qui révèle l'existence probable de terreiros. Il n'existe pas d'organisation politique efficace des Nègres. Ces résultats mettent en évidence deux situations dans lesquelles les personnes d'origine africaine vivent à Roraima : la première est que les personnes d'origine africaine existent mais ne deviennent pas visibles ; et la seconde est le déni de leur existence par la société.

Ce processus d'invisibilité montre comment les Afro-Brésiliens, même s'ils ont contribué de manière substantielle à façonner la culture brésilienne, sont toujours politiquement et économiquement désavantagés par rapport aux autres groupes ethniques. Elle révèle également que pour l'élite de la société brésilienne, plus précisément dans notre cas, l'oligarchie Roraima, il est important de nier l'africanité du Brésil (Cf. DAVIS : 2000, p 14).

Il semble que les Brésiliens ignorent les faits historiques qui ont fait que la majorité de la population brésilienne est liée aux traditions africaines. En effet, tout au long de la période de la traite des esclaves, le Brésil a reçu un important contingent de groupes ethniques africains pour servir de main-d'œuvre dans les plantations et les moulins à canne à sucre situés dans la région du nord-est[1]. Mais d'autres régions ont également accueilli des Africains pour les mines, les plantations de café et l'élevage (Cf. LOPES : 1988, p 140-141). São Luís, Recife, Salvador et São Vicente sont les principaux ports d'esclaves.

Un autre fait qui est passé inaperçu aux yeux des Brésiliens tout au long de l'histoire est que le Nord-Est et le Nord dépendaient tous deux du travail des esclaves venant d'Afrique. Mais ces esclaves ont résisté au modèle économique esclavagiste en s'enfuyant. Ainsi, ils ont formé des Quilombos et d'autres ont été accueillis par des tribus indigènes où ils ont établi des relations avec les Indiens et sont parfois devenus des chefs de tribus et autrefois des sorciers. La preuve de la présence noire en Amazonie est historiquement vérifiée à l'époque où le Ceará et Amazonas ont déclaré, en 1844, que tous les esclaves étaient libres (Cf. DAVIS : 2000, p 32).

Le témoignage actuel de la présence afro dans le nord du pays est la lutte pour la propriété des restes de quilombos, en particulier le haut Rio Trombeta, dans le Pará. Ce sont ces quilombos qui possèdent la mémoire du passé des mocambos, des[2] récits individuels qui s'accordent avec la mémoire collective de liberté, d'abondance, de respect des anciens et de relations avec le commerce local qui confirment que les communautés noires de la région nord ont été historiquement réduites au silence. Car dans la campagne imaginaire, l'Amazonie n'est

---

[1] Nina Rodrigues rapporte que le gouvernement monarchique a affirmé que les Africains saisis dans le cadre du trafic ont fini par préférer spontanément rester au Brésil plutôt que d'être exportés. Aujourd'hui, on peut trouver plusieurs groupes, principalement dans les États de Bahia, Pernambuco et Maranhão. P. 100 – 120.
[2] Les mocambos étaient donc appelés les esclaves noirs et les fugitifs qui habitaient l'Amazonie.

pas un espace pour les populations noires, mais on oublie que cet imaginaire est celui d'Óbidos, Alenquer, Santarém qui trouvent leur origine dans les quilombolas qui se sont échappées des fermes. (Cf. FUNES : 11.12.06)

Le Brésil a officiellement aboli l'esclavage en 1888, mais de nombreuses personnes d'origine africaine sont restées en situation de servitude pour dettes et de pauvreté. La fin de l'esclavage a mis les Afro-Brésiliens dans une situation de sans terre, les obligeant à migrer vers les centres urbains et à vivre dans les favelas. Aujourd'hui, un pourcentage important des paysans qui se battent pour la terre sont des Afro-brésiliens dans les mouvements des travailleurs ruraux, des Sem Terra et des Quilombolas. La lutte pour la terre au Brésil a une composante ethnique à prendre en compte. Jusqu'à ce point précis, il semble qu'aucun des faits historiques ne contribue à l'affirmation selon laquelle il existe à Roraima une population d'origine africaine considérable et que, apparemment, les informations historiques fournies ci-dessus ne permettent pas de soutenir leur invisibilité. Cependant, il y a un fait très important à prendre en compte lors de l'analyse de l'invisibilité des personnes d'origine africaine à Roraima. Historiquement, le manque de terres et la rareté du travail dans les zones rurales du Nord-Est ont poussé leurs habitants à migrer vers d'autres régions du pays, vers les seringais et les garimpos.

Ainsi, l'État de Roraima a accueilli la grande majorité des migrants après l'ouverture du BR 174 en 1978 et le boom du garimpo dans les années 1980. Selon l'IBGE (2000), le taux de croissance de la population était de 9,63 % au cours de cette période, soit le taux le plus élevé enregistré dans le pays. La région Nord-Est du Brésil est le plus grand contributeur à la croissance démographique de Roraima avec près de 32 % et, plus précisément, le Maranhão représente 23 % de la population totale de l'État, dont près de 62 % vivent dans la capitale. Bastide (1980) donne un précieux indice de l'ethnicité de cette masse de migrants arrivés à Roraima lorsqu'il déclare : "Le Brésil noir, qui serait d'abord la côte du Nord-Est". Par conséquent, la recherche d'une visibilité de la population d'origine africaine, à Roraima, doit être mise en avant dès la fin des années 70 et le début des années 80, lorsque le grand flux migratoire des habitants du Maranhão vers l'État a lieu.

Étant donné que la migration vers l'État de Roraima compte un pourcentage très élevé de personnes d'origine nord-orientale, qui ont des liens historiques avec l'Afrique, et par conséquent, avec un pourcentage important d'Afro-descendants, le puzzle persiste : pourquoi y a-t-il une invisibilité des Afro-Brésiliens ?

Certains faits importants, qui passent souvent inaperçus lorsqu'il s'agit de donner une visibilité aux personnes d'origine africaine, sont qu'elles ont subi un processus d'humiliation à la fois dans l'esclavage et dans le processus de libération, comme l'affirme Florestan Fernandes :

> Les Noirs sont les témoignages vivants de la persistance d'un colonialisme destructeur, déguisé avec habileté et enterré par une incroyable oppression (...) ont subi toutes les humiliations et les frustrations de l'esclavage, d'une abolition faite comme une révolution de blanc à blanc et des ressentiments qu'elle a dû accumuler, en végétant dans les villes et en essayant d'être des personnes, c'est-à-dire des citoyens ordinaires. (FERNANDES : 1989, p 08).

L'abolition de l'esclavage a apporté un changement social et politique au Brésil, car les seigneurs de l'esclavage et l'élite ivre des idéaux de la Révolution française - égalité, liberté et république - commanderont ainsi les pas de la nation :

> ("...) la République consoliderait la domination du propriétaire foncier et s'engagerait ensuite dans une campagne nationale d'"'européanisation" du Brésil, campagne dans laquelle le "blanchiment" de la population nationale et le remplacement de l'héritage racial africain par l'héritage européen joueraient un rôle prépondérant. Les intellectuels et les hommes politiques ont élaboré un ensemble de programmes gouvernementaux visant à transformer le Brésil en une société européenne sous les tropiques. Dans une série de "réformes urbaines", les quartiers du centre-ville dominés par les bâtiments et l'architecture coloniaux ont été renversés et reconstruits dans le style européen de la belle époque. La Constitution de 1891 a expressément interdit l'immigration africaine et asiatique dans le pays, et le gouvernement national et les gouvernements des États ont fait de l'attraction de l'immigration européenne au Brésil une priorité pour le développement national. (ANDREWS : 1989, p 90-91)

Par conséquent, même si les plus grands bénéficiaires de l'abolition étaient les esclaves, les références politiques post-abolition frapperont durement les Noirs. En effet, ils devront disputer le marché du travail aux immigrants européens en situation d'inégalité politique. Par conséquent, ils devront vendre leur travail à un prix inférieur et ils auront les conditions de travail les plus précaires par rapport aux immigrants européens. C'est la thèse que défend Fernandes :

> Les Noirs étaient "automatiquement" mis de côté au profit des immigrés, plus spécialisés, plus imprégnés d'une éthique capitaliste du travail et bénéficiant du soutien le plus efficace des structures de solidarité familiale et communautaire (...) Ils n'avaient tout simplement pas les compétences nécessaires pour affronter les Européens, conclut Fernandes - en travail spécialisé, en commerce ou en usine (ANDREWS : 1989, p 119 et 121).

Il est certain que ces situations vécues par les esclaves forgent leur faible estime de soi et la transmettent à leurs descendants. De plus, ils reçoivent de la société le renforcement de leur infériorité lorsqu'ils démontrent explicitement qu'ils souhaitent blanchir la population nationale par le métissage. En ce sens, l'idée de blanchiment contribue à rendre invisible l'afro-descendant. L'élite pensait qu'avec l'immigration européenne du XIXe siècle et, par conséquent, le métissage, la disparition progressive des Noirs de la société brésilienne allait se produire. Cette pensée a aggravé encore plus la situation des préjugés et du racisme dans le pays (Cf. HASENBARG : 1979, p 239). Ainsi, Florestan soutient que le principal préjugé au Brésil était la croyance qu'il n'y avait pas de préjugé (FERNANDES, apud Davis : 2000 p. 43).

Dans les années 1930, les descendants d'Africains ont souffert du discours normalisateur de Gilberto Freyre sur la démocratie raciale.

> (...) parce qu'il a "résolu" le racisme d'État de manière convaincante pour les Blancs (et même pour une parcelle de Noirs) en réduisant au silence la possibilité d'une différence placée par les Noirs, puisque tous les Brésiliens ont été convertis en "égaux" dans ce discours d'une fausse cordialité raciale. (CARVALHO : 2004 p 5).

La réflexion de Carvalho sur le mal que l'idée de démocratie raciale a causé à la population d'origine africaine est partagée par Florestan Fernandes, qui déclare

> La démocratie ne sera une réalité que lorsqu'il y aura, en fait, une égalité raciale au Brésil et que l'homme noir ne souffrira d'aucune forme de discrimination, de préjugé, de stigmatisation et de ségrégation, que ce soit en termes, de classe ou de race. (...) La démocratie raciale fictive, dont la fonction est d'emprisonner le Noir dans des paradoxes qui le conduisent à se renier lui-même, de le contraindre à se voir comme il pense être vu par les Blancs (FERNANDES : 1989, p 24-26).

Le multiculturalisme existant au Brésil a été interprété au fil du temps comme un amalgame du peuple brésilien, où les Indiens, les Européens, les Africains et les Asiatiques contribuent à la formation d'un État-nation mixte.

> Sur le plan éthico-culturel, cette transfiguration se fait à travers la gestation d'une nouvelle ethnie, qui a unifié, dans la langue et les coutumes, les Indiens désengagés de leur vie de gentils, les noirs amenés d'Afrique, et les Européens voulus ici. C'est le Brésilien qui a émergé, construit avec des briques de ces matrices au fur et à mesure de leur défection (RIBEIRO :   1995, p 30).

Tant les idées de la démocratie raciale de Gilberto Freyre que les idées des matrices culturelles de Darcy Ribeiro contribuent à ce que le peuple brésilien soit perçu comme différent, vivant ensemble en paix, car chaque Brésilien reconnaît être le fruit d'un métissage qui le caractérise comme brésilien. Ces deux idées ne tiennent pas compte des particularités de chaque groupe ethnique.

> La société était, en fait, un simple conglomérat de personnes, multiethniques, venant d'Europe, d'Afrique ou indigènes d'ici, activé par le mestizaje le plus intense, le

> génocide le plus brutal dans la décimation des peuples tribaux et l'ethnocide radical dans la décaractérisation culturelle des contingents indigènes et africains. Ainsi, paradoxalement, les conditions idéales de transfiguration ethnique sont réalisées par la désindianisation forcée des Indiens et par la dé-fricanisation des Noirs qui, dépouillés de leur identité, se trouvent condamnés à inventer une nouvelle ethnicité inclusive de tous. C'est ainsi qu'une masse humaine croissante qui avait perdu son visage a commencé à se fondre : il s'agissait d'ex-Indiens qui avaient été désindianisés, et surtout de métis, de femmes noires et d'Indiens, beaucoup d'entre eux, avec quelques blancs européens qui se sont multipliés prodigieusement en eux (RIBEIRO : 1995 p. 448).

De cette façon, le peuple brésilien serait dans son essence un peuple métis qui serait condamné à oublier ses matrices culturelles et, par conséquent, devrait construire une identité commune de métis, c'est-à-dire structurer un imaginaire qui embrasse toute la nation.

> Nous, les Brésiliens, sur cette photo, nous sommes les personnes en devenir, empêchées d'être. Un peuple de métis dans la chair et dans l'esprit, car ici le métis n'a jamais été un crime ou un péché. Nous y avons été faits et nous le sommes toujours. Cette masse d'indigènes du métissage a vécu pendant des siècles sans conscience de soi, n'a coulé en *personne*. Ainsi, elle a même été définie comme une nouvelle identité ethno-nationale, celle du Brésilien. Un peuple, jusqu'à aujourd'hui, dans l'être, dans la recherche acharnée de son destin. (RIBEIRO : 1995, p 453).

Selon la pensée de Darcy Ribeiro, les idées de métissage font perdre aux gens les références culturelles qui les identifient à un peuple, en ce sens, l'Afro-Roraimense se trouverait à l'épicentre de la recherche d'une nouvelle identité qui n'a aucun lien avec l'Africain, mais qui lui est totalement étrangère. Ceci, hypothétiquement, l'éloignerait de la nécessité de se réaffirmer en tant qu'afro-descendant, juste en se réaffirmant comme un produit historique du mélange ethnique qui le place dans la condition de brésilien. Mais où est la préservation des éléments primordiaux de sa matrice culturelle dans ce processus ?

Il n'y aura certainement pas de réponse satisfaisante à cette question, mais toute formulation d'hypothèse sur l'invisibilité de l'afro-descendant doit avoir comme référence le processus de formation de son imaginaire par l'élite brésilienne qui, de manière voilée, renforce les préjugés et la discrimination à l'égard des afro-brésiliens. En outre, l'élite blanche s'enlève la responsabilité de résoudre le problème et attribue à la différence de classe le fait que la discrimination et les préjugés existent dans la société brésilienne (Cf. HASENBARG : 1979, p 244).

De cette façon, l'afro-descendant doit surmonter les idées de blanchiment, de démocratie raciale et de métissage qui le conduiraient soi-disant à l'égalité de traitement dans la dynamique sociale qui formerait le peuple brésilien. Il doit également surmonter son infériorité économique et sociale, résultat de l'exploitation historique d'un système d'esclavage qui ne l'a pas indemnisé pour son temps de travail ni ne lui a donné les conditions pour être propriétaire foncier ou travailleur rural afin d'être ensuite visible en tant que citoyen et bâtisseur de la nation.

Je crois que l'invisibilité des personnes d'origine africaine à Roraima reçoit une épice particulière, la prédominance et la virulence du conflit entre "Indiens" et "non Indiens" pour le droit à la terre, qui marque ainsi l'histoire récente de Roraima (SANTILLI : 2001, p 47). Toutefois, cette invisibilité ne signifie pas qu'il n'y a pas d'Afro-descendants dans l'État et qu'ils ne cultivent pas leurs traditions et leurs croyances. Pour cette raison, il est nécessaire d'observer attentivement les données proposées par l'IBGE afin de se rendre compte de l'existence des afro-descendants et de les rendre visibles à la société Roraima.

Le Brésil a la deuxième plus grande population noire au monde, après le Nigeria. Ainsi, le Brésil est important pour l'histoire afro-américaine (ANDREWS : 1998 p 21). Mais selon les données du dernier recensement de l'IBGE (2000), seuls 10 554 336 Brésiliens s'identifient comme "noirs", soit 6,2% de la population. En outre, le nombre de personnes qui se déclarent noires est de 65 318 092, ce qui représente 34,4 % de la population nationale qui s'identifie aux personnes noires. Dans l'État de Roraima, 199 661 personnes, soit 61,5 % de la population, se reconnaissent comme étant de race noire et seulement 13 715 personnes, soit 4,2 % de la population, se reconnaissent comme étant de race noire. C'est un constat surprenant et une énigme sur l'invisibilité de la population noire au Brésil. Cependant, déterminer qui est noir au Brésil est assez complexe. L'historien Décio Freitas affirme qu'au Brésil "nous considérons comme noirs tous ceux qui présentent une pigmentation foncée de la peau, une pigmentation qui n'est ni blanche ni indienne" (ANDREWS : 1998 p. 384). Les spécialistes des questions raciales au Brésil et les mouvements noirs ont tendance à regrouper les noirs et les bruns en tant que personnes d'origine africaine (ANDREWS ; 1998 p. 21). En suivant les concepts mentionnés ci-dessus, la population afro-brésilienne de Roraima atteindrait le pourcentage de 65,7%.

De nombreux groupes indigènes qui habitent Roraima sont enregistrés comme mulâtres. Cependant, tous les grizzlis ne sont pas d'origine africaine. Il y a des indigènes qui se sont déclarés bruns. Je comprends et je sais à quel point l'item couleur est contradictoire et complexe dans l'enquête de l'IBGE. C'est pourquoi nous n'entrerons pas dans cette discussion, car nous n'avons aucun moyen d'affirmer combien d'indigènes se déclarent grizzlis. Nous avons donc choisi de suivre l'argument présenté par Andrews, selon lequel le mouvement noir regroupe les noirs et les grizzlis avec les afro-descendants.

En réfléchissant aux données de l'IBGE et aux interprétations possibles qui peuvent leur être données, il est clair qu'elles ne représentent qu'un reflet de la quasi "invisibilité" des noirs dans le Roraima, étant une autre et, peut-être plus importante, la surprenante rareté des preuves culturelles afro (musique, vêtements, traditions, cuisine) dans cet État qui est opposé à d'autres régions du Brésil, en particulier dans le Nord-Est, où la présence culturelle est d'une importance capitale pour la construction de l'identité des "noirs". Parmi ceux-ci, la religiosité afro-brésilienne joue sans aucun doute un rôle important. L'idéologie de blanchiment de la République libérale, post-abolition, associée à la pensée de Gilberto Freyre sur la démocratie raciale brésilienne a-t-elle trouvé un écho dans la population afro-brésilienne de l'État au point qu'elle nie ses origines africaines ? Seuls les Nord-Estistes "blancs" et "bruns" ont migré vers Roraima[3]? La migration peut-elle "causer" une perte d'identité "noire" (auto-identification) chez les migrants ? Ou bien est-ce que la migration s'accompagne d'une perte des traditions culturelles propres aux Noirs du nord-est, ce qui les rend "moins visibles" dans le contexte de Roraima, facilitant en eux un "changement d'identité" conscient ou inconscient ?

Face à ces questions, j'ai décidé de me consacrer à l'identification et à la documentation de la présence d'afro-descendants à Boa Vista à travers ses expressions religieuses, c'est-à-dire la simple localisation des terreiros candomblés et[4]ombanda[5]. C'est parce que je les considère comme des institutions clés pour une identité noire ou afro-descendante.

> Néanmoins, sur le plan philosophique, on peut relever un aspect qui donne de l'unité aux peuples de l'Afrique traditionnelle : l'individu est considéré comme vivant parce qu'il a un ascendant (il est le fils ou le petit-fils de quelqu'un), et qui tombe pour lui garantir la mémoire de sa vie et de son existence est la perspective de son descendant (son futur fils ou petit-fils). (...) L'existence de l'individu se traduit par son être-soi (qui implique le temps et l'espace ou le lieu) dans le monde, par la vie quotidienne, le travail ou les loisirs, toujours liés à l'univers social, cosmique, naturel et surnaturel à la fois, étant impossible de séparer ce qui est concret et spirituel, ou de déterminer ce qui est sacré ou profane, dans la vie de ces peuples (MAE ; USP : s/d).

---

[3] Je pense avoir de bonnes raisons d'exclure cette possibilité au préalable. Dans tout le nord-est, la population noire prédomine et c'est de cette région que proviennent la majorité des migrants qui sont arrivés à Roraima, soit près de 32 % de la population générale de l'État (IBGE 2000). On pourrait donc s'attendre à ce que les "noirs" autodéclarés soient présents en plus grand nombre parmi les immigrants du nord-est de l'Europe à Roraima. Mais si l'on considère la discussion présentée par Andrews et les pratiques des mouvements sociaux consistant à ajouter les mulâtres et les noirs pour mesurer les afro-descendants (Andrews 1998, p.21), on peut considérer que Roraima est un État afro, avec 65,7 % de la population ayant une ascendance africaine.

[4] Le Terreiro de Candomblé est un espace sacré identifié par le drapeau blanc hissé par un bambou à une hauteur au-dessus du toit du terreiro. Le terreiro incorpore dans sa logique de division de l'espace physique d'innombrables conceptions cosmologiques concernant le sacré et le profane, le mystère, le sacré et le pouvoir religieux. En effet, dans le candomblé, les espaces et les objets ont un axe, une force vitale qui peut être conservée, manipulée et transmise. Le terreiro est considéré comme un être vivant, qui doit être honoré par des rituels, des sacrifices. Dans le terreiro, il y a des salles d'initiation spéciales, des autels, des lieux où l'on "plante" certaines divinités, un lieu de sacrifices et de l'espace pour les plantes, car le candomblé a besoin d'avoir un contact avec la nature lócus d'axé. Pour cette raison, le terreiro est souvent appelé "roça" (SILVA : 2000, p 95-106). La cuisine est importante dans le terreiro, car elle prépare la nourriture des enfants de la maison des Orixás, elle est aussi un point de rencontre, car entre une activité et une autre on parle beaucoup des préférences alimentaires des dieux, des mythes et des traditions du Candomblé (LIGIÉRO : 2004, p 140).

[5] Cf. SANGIRARDI Jr (1988). Les enceintes où se déroulent les services d'ombanda sont appelées "centre spirite", "terreiro", "tente" et "cabane".

Je crois que l'aspect philosophique de la continuité des peuples africains contribue à ce que leurs coutumes et traditions restent vivantes tout au long de l'histoire, grâce à un système de transmission qui va de génération en génération. De cette façon, les personnes d'origine africaine préservent leur culture et modifient leurs traditions quand cela leur convient afin de ne pas perdre le contact avec leurs ancêtres.

Par conséquent, je soupçonne que la religiosité afro-brésilienne peut être la porte d'entrée pour comprendre la dynamique culturelle des afro-descendants à Boa Vista, une ville éloignée des grands noyaux culturels traditionnellement afros du Brésil, comme les villes de Salvador[6] - BA et São Luís[7] - MA. Mais elle a reçu un contingent considérable de migrants du nord-est après la seconde moitié des années 1970, qui ont probablement apporté dans leurs bagages les traditions religieuses pratiquées dans le nord-est.

> Outre les Casas das Minas, la Casa de Nagô est également importante dans la capitale du Maranhão, (...) Dans de nombreux terreiros de São Luis, les jeûnes vodun ont subi un processus d'acculturation avec les orixás nagôs, les caboclos et les saints catholiques. Ce processus a irradié la région du Nord, dans des chantiers qui, à tort, se disent héritiers de la Casa de Minas Maranhense. Le babssuê, de Belém do Pará, constitue un amalgame confus de tambor-de-mina, candomblé-de-caboclo, catimbó, pajelança, catholicismes populaires, spiritisme et ésotérisme. Les membres de la secte affirment que le nom "babassuê" dérive de "Barba suera", étant "Barba" apócope de "Bárbara", le nom d'un saint avec une grande dévotion dans les terreiros du Maranhão. C'est pourquoi le babassuê, aussi appelé batuque-de-mina, est plus communément appelé batuque-de-santa-bárbara. (SANGIRARDI Jr. : 1988, p 38)

Par conséquent, la localisation et la cartographie des terresiros Candomblé et Umbanda seront une possibilité de prouver que les descendants d'Africains conservent des aspects de l'imaginaire philosophique africain. Ainsi, nous verrons si les terreiros peuvent être des moyens concrets de donner de la visibilité aux afro-descendants qui habitent l'état de Roraima et nous vérifierons également si le terreiro est en fait un espace important pour la conservation de l'identité afro-brésilienne.

---

[6] Cf. Bleeding, Jr. (1988), l'État de Bahia accueille des Africains de l'ethnie Jeje-Nagô, des peuples Yoruba
[7] Idem (1988), l'État du Maranhão et la côte du Pará ont accueilli des Africains de l'ethnie Banto.

CHAPITRE II

2. LES RELIGIONS AVEC MATRICES AFRICAINES

Afin de découvrir ce qui est contenu dans le mode de vie et les manifestations culturelles des personnes d'origine africaine à Roraima, j'ai décidé de connaître les religions d'origine africaine qui ont pris racine sur le territoire brésilien. Afin d'atteindre mon objectif de localiser et de cartographier les Terreiros dans la ville de Boa Vista, j'avais besoin de connaître certains aspects du Candomblé et de l'Umbanda. Nous devons donc faire, dans ce qui suit, un voyage à travers le temps jusqu'au continent africain, d'où des hommes et des femmes ont été arrachés pour être placés dans une terre étrangère. Sur cette terre, le Brésil, ses descendants ont perdu leur identité, ou plutôt, ont reformulé une identité de résistance, qui est passée par la spiritualité.

2.1 - LES ORIGINES DES CULTES AFRO-BRÉSILIENS.

Quand on pense à l'Afrique, on a tendance à la considérer comme une unité en soi. Cependant, elle constitue une division politique, ethnique et culturelle complexe. Pour les besoins de ce chapitre, nous soulignerons que les millions d'Africains qui ont immigré de force au Brésil venaient de différentes régions d'Afrique et que leurs langues, pour la plupart, appartenaient à deux troncs linguistiques : le yoruba et le bantou.

L'influence des civilisations africaines sur la formation du Brésil se situe principalement dans le Nord-Est, puisque, selon Hasenbalg, jusqu'à la fin du XVIIe siècle, la population esclave était concentrée dans la "zone économique sucrière", entre le Maranhão et Bahia :

> En 1538, les premiers esclaves africains amenés par des navires portugais arrivent au Brésil. Bien qu'ils soient uniformément appelés noirs, les esclaves appartenaient à différents groupes ethniques, provenant de différentes régions d'Afrique. Mais ils étaient généralement classés en deux groupes principaux : les Bantous (Congo, Angola et Mozambique) et les Yorubas (Jejes et Haussai soudanais). Le peuple Nagô-Iorubá influence fortement la vie bahianaise, avec plusieurs membres issus de la haute classe sociale et des prêtres engagés dans la préservation de leurs traditions et préceptes religieux. (...) il est important de souligner la coïncidence entre les dates de l'immigration massive des Yorubas au Brésil, à partir de 1830, et la chute de la ville d'Oyó, capitale du pays Ioruba, vaincue et dévastée par les Daomé en 1935 (LIGIÉRIO : 2004, p 19).

Avec l'expansion commerciale de l'économie marchande européenne, notamment portugaise, le continent africain est devenu un important fournisseur d'esclaves pour les colonies. Selon IANNI (1988), depuis le début de la traite des Africains au XVIe siècle jusqu'à la fin de l'esclavage au XIXe siècle, 9 500 000 Noirs sont arrivés sur le continent américain. Parmi ceux-ci, 38 % sont restés au Brésil, 6 % sont allés aux États-Unis d'Amérique, 17 % ont été emmenés aux Antilles, 17 % dans les colonies françaises des Caraïbes et 17 % dans les colonies espagnoles. Dans le temps, le flux d'esclaves est réparti comme suit :

> 1451-1500 – 50.000
> 1601-1700 - 560.000
> 1701-1810 – 1.891.400
> 1810-1870 - 1.145.000 (CURTIN apud HASENBALG : 1979 p 128)

La traite des esclaves entre le Brésil et l'Afrique peut être classée en quatre grands cycles :

1. Cycle de la Guinée : Deuxième moitié du XVIe siècle.
2. Cycle Angola -Congo : tout au long du XVIIIe siècle.
3. Cycle Costa Mina : jusqu'au début de la seconde moitié du XVIIIe siècle.
4. Cycle du Bénin : jusqu'au milieu du XIXe siècle. (LODY apud AMARAL : 2003 p.39)

Lorsque les Noirs sont arrivés au Brésil et ont été emmenés travailler dans les fermes, ils ont dû former une nouvelle communauté. La nécessité de rechercher leur axe1 est devenue plus nécessaire au Brésil qu'en Afrique, car l'esclavage a enlevé à l'homme noir bien plus que la liberté. Elle a privé les Africains de leur famille et de leur identité en tant que peuple, c'est-à-dire qu'elle leur a refusé la condition d'être humain. C'est pourquoi la tradition des orixás est restée forte dans le nouveau monde :

> Les religions africaines, dans le nouveau monde, ont agi depuis le début, comme un véritable centre communautaire qui prend soin de l'équilibre psycho-émotionnel de ses composantes et qui, à travers sa médecine botanique millénaire, prend soin de la santé de ses membres et laisse des héritages aux nouvelles générations à travers le binôme indissoluble art-religion (...) Une situation de malheur commun, la lutte pour la liberté et la restauration des liens perdus avec l'Afrique ont été des raisons fortes pour unir les ethnies ennemies et les nations traditionnellement rivales (LIGIÉRO : 2004 p 21-26)

Pendant la période coloniale, les Africains ne pouvaient pas adorer leurs divinités librement car, avant de s'embarquer, ils étaient baptisés et collectivement "convertis" au christianisme. Cela a poussé les esclaves noirs à recourir au syncrétisme pour perpétuer leurs traditions religieuses :

> Pendant la période de l'esclavage au Brésil, les Noirs amenés d'Afrique ont continué à vénérer leurs divinités, en apportant les objets sacrés de la religion africaine toujours

> cachés derrière ou sous des autels avec des images de saints catholiques, et en faisant leur culte comme s'ils révéraient ces saints, mais avec l'intention d'avoir plus de liberté pour vénérer leurs orixás. Comme la religion africaine et ses objets sacrés étaient inconnus de la plupart des Blancs, ils pensaient que les Noirs s'étaient déjà convertis au christianisme (Amaral 2003 : p 35).

La compréhension de la dynamique du processus d'arrivée des Africains sur le sol brésilien est d'une importance fondamentale pour comprendre le développement des religions ayant des racines africaines tout au long de l'histoire du Brésil. Chaque cycle apporte des éléments culturels essentiels pour la différenciation du culte afro-brésilien, comme nous le verrons plus loin, lorsque nous aborderons séparément le Candomblé et l'Umbanda.

2.2 - CANDOMBLÉ.

Le mot candomblé est d'origine yoruba et signifie littéralement : "danse". À l'origine, le candomblé est une danse religieuse, qui est dansée par des femmes2 appelées sambas. La fonction est d'invoquer les orixás afin qu'ils soient incorporés aux personnes initiées. Au Brésil, le candomblé a fini par définir le culte des orixás. (Cf. www. edeus : 30.06. 2005). Elle a un fort héritage de la religiosité Ioruba qui cultive les orixás, des dieux associés aux forces de la nature. Le polythéisme africain s'est mêlé au polythéisme indigène et au culte catholique des saints. Les cérémonies sont divisées en deux parties : la première est un rite préparatoire, avec des sacrifices et des offrandes aux orixás. Le second est ouvert à la participation du public. Des chants de louange sont chantés aux orixás qui sont incorporés dans les filles des saints, dansant en cercle au son des chants et des atabaques (Cf. www. thecauldronbrasil : 30.06.2005).

Dans le candomblé, les sacrifices et les offrandes ont pour fonction de plaire aux orixás. De temps en temps, la personne qui est fan du candomblé a l'obligation de rendre hommage et de faire des offrandes à ses orixás. Ces garanties garantissent les faveurs et la protection des orixás. Le sacrifice, dans le cadre du culte des orixás, remonte aux pratiques des noirs en Afrique dans le cadre du culte des ancêtres. Selon Prandi :

> Nous pouvons définir le culte des ancêtres comme l'ensemble des croyances, des mythes et des rites qui régissent les liens d'une communauté avec un grand nombre de morts qui ont vécu dans cette communauté et qui sont liés à elle par la parenté, selon les lignées familiales, en croyant que les morts ont le pouvoir d'interférer dans la vie humaine, et qu'ils doivent ensuite être propitiés, apaisés par des pratiques sacrificielles pour le bien-être de la communauté. Par le biais du sacrifice, l'ancêtre participe à la vie des vivants, partageant avec eux le fruit des récoltes réussies, de la chasse, de la guerre, etc. Bien que chaque mort mérite le respect et le sacrifice, ce sont les morts illustres qui se placent au centre du culte. Ils sont les fondateurs des anciennes lignées familiales, les héros conquérants, les fondateurs de villes, ce qui inclut les défunts appartenant à la famille royale, en particulier le roi. (**PRANDI** : 30.06.2005).

Pour les adeptes du candomblé, faire des offrandes aux orixás, c'est "nourrir" ce qui est le plus profond de chaque être, c'est assumer et renforcer l'ensemble des caractéristiques de leurs orixás. C'est pourquoi, lorsqu'une personne candomblée traverse des moments difficiles, elle va plus que vite préparer des offrandes pour ses divinités, afin de trouver de l'aide pour résoudre leurs problèmes (Cf. AMARAL : 2003, p 40-41)

Sur le territoire brésilien, le candomblé a subi les influences de plusieurs cultures, principalement les indigènes et les chrétiens (occidentaux). Cette influence peut être perçue à travers la culture matérielle des religions afro-brésiliennes : des croix, des calices, des écailles et des images de saints catholiques, ainsi que des éléments de la culture indigène sont utilisés.

2.2.1- LES ORIXÁS.

Le peuple africain, connu sous le nom de Yoruba, croyait en des forces surnaturelles impersonnelles (les esprits) qu'il considérait comme présentes dans les objets végétaux ou animaux, mettant en danger la vie humaine (animisme). Ils doivent offrir des sacrifices pour apaiser la fureur de ces forces naturelles. Beaucoup de ces esprits de la nature étaient vénérés comme des divinités et ont été appelés plus tard orixás. (Cf. PRANDI, 30.06.2005).

Ainsi, orixá est le nom générique des divinités yoruba, détentrices des forces cosmiques et de la nature : l'axé. Dans les orixás se manifeste la force créatrice, le tout et l'infini, c'est-à-dire l'univers. Les orixás ont des liens familiaux qui établissent une base mythique pour l'existence du peuple, son origine. (Cf. www.edeus.org. voir aussi www.axeoya 30.06.2005)

Par exemple, dans le cas de l'orixá Ogum, il existe une relation directe entre l'agriculture et l'artisanat avec le fer, la production d'outils agricoles, les armes de guerre, les couteaux, les machettes et les épées. Ogum est devenu un Dieu de la métallurgie, de la guerre et de la technologie, prenant ses distances, de manière emblématique, avec la nature et se rapprochant du monde des activités sociales. Au fil du temps et de l'évolution technologique, les orixás ont acquis des formes anthropomorphiques, s'éloignant encore plus de la nature. Cependant, avec le souci environnemental et la conscience préservationniste de certains dirigeants, le candomblé a sauvé le lien initial des orixás avec la nature, par exemple : dans la figure d'*onilé, le* propriétaire de la terre, qui représente notre planète dans son ensemble. (Cf. PRANDI, op. cit.)

Le pouvoir le plus important des orixás est celui de s'incarner, momentanément, dans un de leurs "descendants" (fidèles), et de leur transmettre axé, protection et direction de leur destin. En tant que tels, les orixás assument la caractéristique de gardien des activités essentielles à la vie en société, et l'adhésion au culte des orixás constitue un mode de vie dans lequel le culte est une partie substantielle.

2.2.2 - AXÉ, FORCE VITALE.

Comme il s'agit d'un élément essentiel pour les religions ayant des racines africaines, nous pensons qu'il est approprié d'aborder Axé de manière plus approfondie. La signification de ce mot est "principe de vie" ou "énergie vitale". Tout ce qui est création divine a *axé* et peut transmettre : les êtres humains, les animaux, les végétaux, les minéraux et les objets.

> La hache est une énergie, une force vitale qui constitue et maintient dynamiquement l'ordre cosmique. Elle concerne les petites choses de la vie quotidienne ainsi que les grandes décisions de la vie. Elle concerne l'individu aussi bien que la communauté, elle dynamise à la fois les êtres humains et toute la nature. Sans la force de l'axé, l'ensemble du système ne serait pas dynamique. (BERKENBROCK : 1997, p 259).

Axé, c'**est la** vie elle-même. De l'axé dépend l'existence, à la fois individuelle et générale ; sans axé, il n'y a pas de possibilité de développement de la création. En tant que porteur de l'axé, l'être humain a une responsabilité individuelle et sociale. Cela signifie que chaque personne est responsable de l'entretien actif des structures qui abritent et protègent la vie, c'est-à-dire le monde. Axé est compris à partir d'une cosmovision cyclique. Elle fait le lien entre le présent, les ancêtres et les générations futures pour assurer la continuité historique du peuple. Ainsi, être candombleciste signifie faire partie de l'histoire d'un peuple qui construit son identité à partir de l'engagement pour la vie.

2.2.3 - AXÉ SUR LES FEUILLES.

Les Yoruba accordaient de l'importance à la nature, aux plantes, aux pierres, aux rivières et aux lacs dans leur système de magie religieuse. La maxime yoruba est *"kosi ewê kosi orixá"*, ce qui peut se traduire par *"kosi ewê kosi orixá" : "on ne peut pas vénérer les orixás sans utiliser les feuilles"*. Le candomblé actuellement pratiqué au Brésil préserve cette maxime. On pense que les plantes sont des sources d'axé, sans lesquelles il n'y a ni vie ni mouvement. Par conséquent, sans plantes, il n'y a pas de possibilité de pratiquer le culte dans les terrains candomblés (Cf. PRANDI, 30.06.2005).

Cette information sur l'importance des feuilles dans les cultes matriciels africains est un indice précieux dans ce processus de localisation et de cartographie des terreiros. L'étude des arrière-cours à la végétation abondante peut révéler les endroits où les orixás sont cultivés. En effet, dans le candomblé, certaines plantes ont une large utilisation : pour laver et sacraliser des objets, pour purifier la tête et le corps des prêtres, pour guérir des maladies physiques et pour éloigner toutes sortes de mal. Cependant, il ne suffit pas de récolter les feuilles dans la nature, il faut des prières pour qu'elles subissent l'intervention de l'*Ossaim* et qu'elles libèrent axé (Cf. PRANDI : op. cit. 30.06.2005).

2.2.4 - AXÉ SUR LA MUSIQUE, LE CORPS ET LA DANSE.

Dans plusieurs cultures, la musique et la danse sont au centre de tout l'univers magico-religieux. Cela est particulièrement vrai pour le candomblé. Les chants chantés préparent les fidèles à être possédés par les orixás. Ainsi, pendant la transe, la *sainte fille* devient elle-même l'orixá. Parce que l'être humain est vu de manière holistique dans le candomblé, il n'y a pas de division entre l'esprit et le corps, la terre et le ciel. Il n'y a que l'univers en tant qu'ordre dynamique plein d'axé qui met le cosmos en mouvement (Cf. BÁRBARA www.ffch.usp.br/sociologia/posgraduacao/jornadas/papers/,30.06.2005)

La musique et la danse sont utilisées pour remonter au temps du mythe, de l'origine, de l'ancienne harmonie avec le monde. Elle se caractérise par le fait qu'elle est dansée en cercle dans le sens inverse des aiguilles d'une montre. Le cercle sacré nous rappelle l'espace-temps du mythe qui, selon les légendes, fait référence à l'ancienne divinité de la terre. La danse n'est pas un pur déplacement dans l'espace. Le corps se déplace, occupe une structure spatiale, crée un espace personnel. La répétition des mouvements est perçue comme une création, chaque mouvement **donne origine à la** divinité et donne la possibilité de revenir dans le temps et l'espace. Dans les danses du candomblé, les pieds sont en contact permanent avec la terre, pour absorber ses énergies. (Cf. BÁRBARA : Op. Cit.).

Le son est un chef d'orchestre d'*axé,* donc les *atabaques* sont des instruments sacrés et reçoivent *chaque année des rituels appropriés*. Ils ne peuvent être joués que par des prêtres spéciaux, les *alabés,* qui apprennent le répertoire au fil du temps. *Ce sont eux qui peuvent appeler la communauté et, surtout, les orixás à descendre à la fête et à clôturer la fête avec une touche spéciale* (Cf. BÁRBARA : Op. Cit.).

Pour comprendre le lien étroit entre la musique, la danse et l'expérience du croyant, il est nécessaire de garder à l'esprit que la musique et la danse sont perçues par tous les sens, non seulement par l'oreille et le regard, mais aussi par la peau, ce qui implique le croyant dans son ensemble. Le corps en candomblé est le temple du sacré par excellence car il est considéré comme un réceptacle de l'orixá (Cf. BÁRBARA : Op. Cit.).

Ainsi, comprenant que la musique est un facteur déterminant du candomblé, on peut prendre comme point de départ pour atteindre un lieu où il y a un terreiro. Ainsi, lorsque l'on entend le roulement du tambour, il est très probable que l'on se trouve devant un terreiro où, à ce moment, un rituel est effectué pour les orixás, où des personnes pieds nus dansent en cercle, et sous l'action de leur orixá.

2.2.5 - LES NATIONS DU CANDOMBLÉ.

Les Africains asservis appartenaient à plusieurs groupes ethniques, dont les Ioruba, les Ewe, les Fon et les différents groupes de Bantus ; en tant que groupes qui vénèrent les orixás, ils se sont relativement isolés dans les différentes régions du Brésil, de sorte qu'ils se sont constitués en plusieurs "nations". Le concept de "nation", employé dans le candomblé, n'est pas politique, mais plutôt "identitaire" pour ceux qui participent au culte des orixás. Les "nations" se distinguent les unes des autres principalement par l'ensemble des divinités vénérées, l'atabaque et la langue utilisée dans les rituels.

Il existe actuellement trois grandes "nations" de candomblé au Brésil, la "Nação Ketu", la "Nação Jeje" et la "Nação Angola". L'une des différences entre les trois est le nom du Dieu unique, car la "Nation Ketu" est Olorum, **la "Nation** Bantu", Zambi, et la "Nation Jeje", Mawu. (Cf. Wikipédia, 05.02.07).

Il existe encore quelques différences dans la classification des "nations" candomblées. C'est pourquoi il est nécessaire de revoir deux modèles de classification : le premier est présenté par Wikipedia et l'autre par Lody :

- Nagô ou Yoruba ;
- Ketu ou Queto (Bahia) et presque tous les états -(Ioruba ou Nagô en portugais) ;
- Ketu ou Efan à Bahia, Rio de Janeiro et São Paulo ;
- Ijexá, principalement à Bahia ;
- Nagô Egbá ou Xangô du Nord-Est dans le Pernambouc, Paraíba, Alagoas, Rio de Janeiro et São Paulo ;
- Mina-Nagô le tambour de la mine au Maranhão ;
- Xambá à Alagoas et Pernambuco (presque éteint) ;
- Bantou, Angola et Congo (Bahia, Pernambuco, Rio de Janeiro, Minas Gerais, São Paulo, Goiás, Rio Grande do Sul), un mélange de Bantou, Kikongo et Kimbundo. (Wikipédia, 05.02.07).
- Nation Ketu-nagô (Yoruba) ;
- Nation Jexá ou Ijexá (Yoruba) ;
- Nation Jeje (Fon) ;
- Nation Angola (Banto) ;
- Nation du Congo (Banto) ;
- Nation Angola/Congo (Banto) ;
- Nation of caboclo (Afro-Brésilian model) (LODY apud Amaral : 2003 p 40)

Au Brésil, chaque nation qui cultive les orixás conserve et transmet les traditions religieuses apportées du continent africain. Cependant, sur le territoire brésilien, la religiosité africaine a rencontré des expressions indigènes et européennes, ce qui a donné naissance à une nouvelle spiritualité afro-brésilienne qui a rendu possible l'émergence de l'"Umbanda".

2.3 - UMBANDA : UNE AUTRE EXPRESSION RELIGIEUSE BRÉSILIENNE.

Nous sommes un pays multiculturel et multiethnique. Umbanda" est une expression religieuse qui canalise diverses cultures et ethnicités, elle absorbe l'imaginaire, les pratiques et les rituels de divers segments culturels et ethniques de la société brésilienne. Elle a pour caractéristique dominante d'être brésilienne, car elle est une convergence d'éléments de candomblé, de spiritisme kardeciste du chamanisme et du christianisme.

Selon Saraceni (2003), Umbanda l'est :

> ...une religion spirite et spiritualiste. Spirite parce que, en partie, il est basé sur la manifestation des esprits directeurs. Et spiritualiste parce qu'il a intégré des concepts et des pratiques (...) tels que la magie spirituelle et religieuse, le culte des ancêtres, le culte religieux aux esprits supérieurs de la nature (...) prêche que les divinités de Dieu (les orixás) sont des êtres divins dotés de facultés et de pouvoirs supérieurs à ceux des esprits et a en eux ses fondements religieux, leur recommandant le culte et la pratique des offrandes comme moyen de les vénérer, puisqu'il est inséparable de la nature terrestre ou divine de tout ce que Dieu a créé. (SARACENI : 2003, p 29).

Le début de l'Umbanda se produit avec la manifestation de "M. Caboclo das Sete Encruzilhadas" dans le milieu Zélio Fernandino de Morais, événement qui se produit le 15 novembre 1908, lorsque ce dernier assiste à une session de la Fédération spirite, à Niterói :

> Zélio a été invité à la table. (...) et quand le travail a commencé, les esprits se sont manifestés en tant qu'Indiens et esclaves. (...), Zélio se sentit dominé par une force étrange et entendit sa propre voix qui lui demandait pourquoi les messages des noirs et des Indiens n'étaient pas acceptés et s'ils étaient considérés comme arriérés uniquement en raison de la couleur et de la classe sociale qu'ils déclinaient. Cette observation a failli provoquer un émoi. Après tout, un des voyants a demandé à l'entité de s'identifier (...), Si vous voulez un nom (...) c'est celui-ci : je suis le CABOCLO DAS SETE ENCRUZILHADAS, parce que pour moi il n'y aura pas de chemins fermés. Et, poursuivant, il annonça sa mission : établir les bases d'un culte, dans lequel les esprits des Indiens et des esclaves viendraient accomplir les déterminations de l'Astral. Le lendemain, il a déclaré qu'il serait dans la résidence du médium, pour fonder un temple, qui symboliserait la véritable égalité qui doit exister entre l'incarné et le désincarné. (...) Le lendemain, 16 novembre 1908, à la résidence de la famille du jeune médium, Rua Floriano Peixoto, 30 à Neves, district de Niterói, l'entité se manifesta ponctuellement à l'heure prévue - 20 heures. (...) Dans cette réunion, le CABOCLO DAS SETE ENCRUZILHADAS a établi les normes de la secte, dont la pratique s'appellera "session" et aura lieu le soir, de 20 à 22 heures, pour une présence

> publique, totalement gratuite (...). L'uniforme que porteraient les médiums serait tout blanc, de tissu simple. Aucune rémunération financière ne sera autorisée pour le service ou le travail effectué. Les chants ne seraient pas accompagnés d'atabaques ou d'applaudissements rythmés. A ce nouveau culte, fondé cette nuit-là, l'entité a donné le nom d'Umbanda, et a déclaré le premier temple fondé pour sa pratique, avec la dénomination de Tente Spirite de Notre-Dame de la Pitié (?). (www.pegue, 25.01.2007)

Cette manifestation coïncide avec le moment historique qui place le Brésil sur la voie de l'évolution libérale, fondée sur l'abolition de l'esclavage en 1888 et la proclamation de la République (1898).

Umbanda est chargé de l'éthique chrétienne et de la réinterprétation du spiritisme français. Ce syncrétisme cherche à éloigner l'Umbanda de l'univers africain à tel point qu'au début de sa structuration on a cru que son origine était en Inde.

> Le premier congrès de spiritisme d'Umbanda, en 1941, à Rio de Janeiro, fut un moment remarquable dans ce processus (...) L'une des thèses approuvées au congrès était l'idée, quelque peu bizarre, que l'Umbanda avait ses racines en Inde, d'où elle aurait été transportée sur le continent africain. Les thèses approuvées lors de la réunion tentaient, en revanche, de relier l'Ombanda au spiritisme, qu'Allan Kardec, en France, au milieu du XIXe siècle, avait tenté de rapprocher de la science. L'élite brésilienne a eu tendance à valoriser cet aspect libre du spiritisme. Certains des premiers intellectuels de l'Umbanda ont préféré le présenter comme une modalité du spiritisme, réinterprétée en terre brésilienne et y ont ajouté un rituel, inexistant dans la matrice française Kardec. (ISAIA : 2006, p 28).

La quête de l'Umbanda de prendre ses distances par rapport aux pratiques du candomblé et de l'imaginaire africain est évidente dans la posture adoptée par les premiers ombandistes qui ne travaillaient qu'avec les esprits des "caboclos", des "vieux nègres" et des "enfants" et n'admettaient pas dans leurs réunions la manifestation des orixás. Les "caboclos" sont des esprits "indigènes" qui aident les personnes dans le besoin. Les "vieux noirs" ont de l'espace en Umbanda grâce à leur sagesse. (Cf. ISAIA : 2006, p 30)

Il y a une influence indéniable du spiritisme sur l'Umbanda :

> S'adaptant à la doctrine kardeciste en matière de médiumnité, Umbanda remplace progressivement les divinités africaines par des esprits, transformant ainsi le sens même de la tradition culturelle africaine. L'absence d'unité doctrinale a fait que chaque terreiro a élaboré avec autonomie ses propres conceptions sur la doctrine et le rituel. L'influence plus ou moins grande du kardecisme ou du christianisme sera déterminée individuellement par le prêtre de chaque temple (AMARAL : 2003, p 44).

Cette autonomie de chaque prêtre et la liberté dans l'élaboration doctrinale ont eu leur limite marquée par la fondation de Fédérations et la création de règles dans le but de donner un caractère unique à l'Umbanda :

> En 1937, les temples fondés par le CABOCLO DAS SETE ENCRUZILHADAS se sont réunis pour créer la Fédération spirite de l'**Ombanda** do Brasil, appelée plus tard União Espiritualista de **Umbanda** do Brasil. Et en 1947, parut le JORNAL DE UMBANDA (JOURNAL DE L'UMBANDA) qui, pendant plus de vingt ans, fut un organe doctrinaire de grande valeur. Zélio de Moraes a installé des fédérations ombandistes à São Paulo et Minas Gerais (www.pegue, 25.01.2007).

Au fil du temps, Umbanda affirmait sa doctrine. Tout au long des années 40 à 70, plusieurs réformateurs ont commencé à chercher à donner une plus grande cohérence doctrinale. Cependant, comme tout arrive en son temps, Umbanda a développé une capacité singulière de syncrétisme, en prêtant attention aux transformations sociales et en incorporant les orixás, les coquins carioca, les éleveurs du nord-est et d'autres manifestations spirituelles.

Aujourd'hui, personne ne dissocie plus l'Umbanda de la culture afro-brésilienne. (Cf. ISAIAS : 2006, p 32). La diversité qui existe en Umbanda n'est pas considérée comme un problème et, de nos jours, les terreiros Umbanda suivent, de manière générale, le schéma en sept lignes des orixás qui se présente comme suit : Oxalá, Iemanjá, Ogum, Iansã, Xangô, Oxossi et Cosme e Damião.

> Certaines lignes sont subdivisées comme suit : J'espère que c'est dans Old Black, Lines of Souls, Baianos. Iemanjá in Oxum line, Nana Line et Sailors Line. Oxossi à la ligne Caboclos da Mata et à la ligne Boiadeiros. Ces lignes sont appelées la ligne droite3. Exu Line est appelée Left Line4, qui est également subdivisée en Exus les "baptisés" (parce qu'ils sont baptisés le vendredi saint) : ce sont ceux qui sont endoctrinés et qui, après le baptême, commencent à aider leurs "chevaux5". Pagan Exus (aussi appelé Exu da Rua) : ce sont ceux qui font le mal aux gens (AMARAL : 2003, p 45).

L'un des éléments centraux de l'Umbanda est la médiumnité. Le médium est l'intermédiaire entre le monde des esprits et notre réalité. C'est donc autour de lui que s'organise l'Umbanda, et ce sont les médiums que les gens cherchent à résoudre leurs problèmes. En d'autres termes, le média est le véhicule de communication entre les orixás et les fidèles. En ce sens, on peut dire que sans médiumnité, il n'y a pas d'ombanda (Cf. SARACENI : 2003 p. 30-32).

Les rituels en Umbanda, appelés "mignons", ont des éléments indispensables pour le développement de la spiritualité et de la médiumnité. Nous énumérons ci-après quelques éléments utilisés dans les "giras" :

> **Le tabagisme :** ils déchargent le champ vibratoire et en soustraient les vibrations, le rendant ainsi réceptif aux énergies positives.
> **Les paumes :** si elles sont cadencées et rythmées, elles créent un large champ sonore dont les vibrations aiguës atteignent le centre de la perception situé dans l'esprit des médiums. **Chant :** ... ils agissent sur certains plexus (...) facilitant l'incorporation.
> **Attaque et autres instruments :** Les vibrations sonores ont le pouvoir d'engourdir l'émotionnel, de stimuler la perception, de modifier les radiations énergétiques et d'agir sur le schéma vibratoire du médium.
> **Danse :** Umbanda et Candomblé ont recours à des "danses rituelles" (...) le mouvement cadencé facilite leur implication et leur incorporation par leur guide spirituel. (SARACENI : 2003, 43).

Comme le candomblé, l'ombanda vaut aussi les offrandes. Ils sont compris comme une démonstration de respect et de foi et garantissent que les divinités prennent soin et s'occupent des personnes qu'elles ont offertes avec foi (Cf. SARACENI : 2003, p. 217).

Les religions d'origine africaine se sont développées au Brésil pendant plusieurs siècles et continuent à intégrer les valeurs de la culture brésilienne dans leurs manifestations de foi, car la formation religieuse des Afro-brésiliens se confond avec la formation même de la société brésilienne. Ce sont des religions utilisées pour accompagner leurs adeptes là où ils migrent. Le Candomblé et l'Umbanda ont donc une particularité d'adaptation qui permet à ces religions d'être présentes dans tout le Brésil. Alors, existent-ils dans le nord du Brésil, ont-ils atteint Boa Vista - Roraima ?

Nos tentatives de réponse à ces questions seront présentées dans le prochain chapitre.

CHAPITRE III

3. TRAVAIL SUR LE TERRAIN : CARTOGRAPHIE DES CHANTIERS EN BONNE VISIBILITÉ.

La capitale de l'État de Roraima, Boa Vista, est la municipalité la plus peuplée de l'État. Elle abrite plus de 60 % de la population totale de Roraima et continue d'attirer, en permanence, de nouveaux immigrants, tant de la zone rurale de l'État que d'autres unités de la fédération, principalement du nord-est, de l'Amazonie et du Para, et même des pays voisins, le Venezuela et la Guyane. Nous avons choisi Boa Vista comme domaine d'étude parce qu'il constitue un espace complexe et parce qu'il présente un mélange culturel fascinant, résultat d'un flux migratoire intense.

3.1 - CARACTÉRISTIQUES DU DOMAINE ÉTUDIÉ.

La municipalité de Boa Vista a été la première ville ayant une caractéristique urbaine dans l'état actuel de Roraima qui s'est formée encore au XIXe siècle. À partir des années 50, d'innombrables fermes se sont établies dans les savanes qui marquent le haut cours du Rio Branco et, en 1858, le gouvernement de l'État d'Amazonas a créé la paroisse de Nossa Senhora do Carmo qui, 32 ans plus tard, a été élevée au rang de municipalité, par le décret de l'État n° 49 du 9 juillet 1890, signé par le gouverneur de l'État d'Amazonas, Augusto Ximeno de Villeroy, avec le nom de Boa Vista do Rio Branco. L'installation de la municipalité a été réalisée par le capitaine Fábio Barreto Leite, le 25 juillet 1890. (FREITAS : 2001, 65 et www.boavista.rr.gov.br 05.03.07).

Le 13 septembre 1943, par le décret 5.812, la municipalité (augmentée de quelques terres à l'extrême sud) fut démembrée de l'état d'Amazonas et transformée en Territoire Fédéral du Rio Branco. Boa Vista est devenue la capitale du territoire en 1944. En 1962, le territoire a reçu le nom de Territoire fédéral de Roraima et, finalement, avec la Constitution de 1988, il a été élevé à la catégorie d'État. (www.boa.vista, 05.03.07).

Boa Vista est situé à 2° 49' 17" de latitude nord et 60° 9' 50" de longitude ouest et se trouve à une altitude de 90 mètres au-dessus du niveau de la mer. Elle est bordée au nord par les municipalités de Normandia, Pacaraima et Amajari, au sud par les municipalités de Mucajaí et Cantá, à l'est par les municipalités de Bonfim, Cantá et Normandia et à l'ouest par la municipalité d'Alto Alegre (FREITAS : 2001, p 65-68).

Pour comprendre l'occupation de Roraima et la formation de la ville de Boa Vista, il faut se rappeler que, jusqu'en 1943, Roraima faisait partie de l'État d'Amazonie et que, jusqu'en 1977, l'accès à son centre, Boa Vista, n'était possible que par le Rio Branco, navigable seulement 3 à 4 mois par an. Ce n'est qu'avec l'ouverture de la route BR 174 et le boom du garimpo dans les années 80 et surtout dans les années 90 que la population non indienne de Roraima passe le cap des 60 000 habitants dont, déjà à cette époque, les deux tiers vivaient à Boa Vista. Selon les données de l'IBGE, en 1950, Boa Vista comptait 5 132 habitants. Ce nombre est passé à 36 464 en 1970, et en 1980, la ville comptait déjà 67 017 habitants, un chiffre qui a fait un bond jusqu'en 1991 pour atteindre 217 583 habitants. En 2000, l'IBGE en a compté 200 567, un nombre qui, en 2006, est passé à 249 655[8] (FREITAS : 2001, 28 et IBGE, 2000).

En 2000, l'IBGE (2000) a enregistré 7 504 personnes se déclarant noires à Boa Vista, soit 54,6 % du total des personnes se déclarant "noires" à Roraima. De cet univers de personnes, seules 66 ont informé l'IBGE qu'elles étaient de religion "candomblé" et 12 se sont présentées comme "ombandistes", c'est-à-dire que selon les données présentées, en 2000, seules 78 personnes se sont identifiées à des religions à matrice africaine. Cela signifie que 1,03% des personnes qui se sont déclarées "noires" ont déclaré préserver des relations intimes et actives avec la culture religieuse afro-brésilienne à Boa Vista.

L'objectif initial de cette recherche était de localiser le(s) lieu(x) où ces 78 Afro-Brésiliens pratiquaient la religion à laquelle ils déclaraient appartenir. Dans les 50 quartiers qui composent la municipalité de Boa Vista (www.boavista, 05.03.07), la cartographie systématique des "terreiros" de Candomblé et d'Umbanda a été réalisée afin de les rendre plus visibles et, d'autre part, de connaître la persistance dans la culture des traditions africaines de nombreux Afro-brésiliens qui sont venus à Boa Vista.

3.2 - LE DÉVELOPPEMENT DE LA RECHERCHE.

Les recherches sur le terrain ont commencé à la mi-octobre 2006, avec quelques incursions dans les quartiers de Boa Vista, afin de trouver des preuves qui pourraient révéler l'existence de terreiros candomblés ou ombanda, comme un drapeau blanc hissé sur un bambou

---

[8] Cf. informations du site www.ibge.gov.br-ibege-cidades@. 01.03.07

devant la maison. Le succès de cette première étape a été crucial pour établir les premiers contacts avec les expressions religieuses des matrices africaines, afin que la recherche puisse se poursuivre. À aucun moment de la recherche, il n'y a eu de prétention à établir une coexistence profonde avec la communauté des terreiros, et les découvertes éventuelles ne serviront pas à élaborer une recherche sur les rituels afro-brésiliens. Mais l'objectif principal de la recherche est de faire ressortir un univers afro-brésilien qui est brouillé dans la bonne société.

Ainsi, le premier drapeau blanc hissé sur le bambou se trouvait dans le Bairro São Vicente. C'était le signe que les incursions donnaient leurs premiers résultats dans la localisation des lieux de culte avec des matrices africaines. Après avoir trouvé le drapeau blanc, j'ai essayé de prendre contact avec le chef du terreiro, je l'ai cherché dans une maison située à côté de la construction qui serait apparemment le terreiro. Après ma présentation en tant qu'étudiant à l'université fédérale de Roraima et une explication du but de mes recherches sur la cartographie des chantiers de la ville de Boa Vista, un homme qui s'est identifié comme un père Bokulê m'a approché et m'a proposé de m'aider dans mes recherches en indiquant quelques chantiers situés dans le quartier de Liberdade et Tancredo Neves, m'invitant à visiter son chantier à une autre occasion.

La visite à Pai Bokulê a ouvert les portes d'un univers de chantiers inattendu, puisqu'il a informé de l'existence et de l'emplacement de plusieurs chantiers Umbanda et Candomblé à Boa Vista, montrant qu'il existe un réseau de relations entre eux. Ainsi, après les indications de Pai Bokulê, le résultat a été un élargissement reconnaissant de l'univers des terreiros. Comme l'attente initiale était de trouver au plus deux ou trois, voire une demi-douzaine de terreiros, elle a été dépassée à chaque information obtenue dans les terreiros localisés et visités. Il a alors fallu organiser les visites par quartier, en commençant par ceux qui étaient proches du quartier de São Vicente et en les étendant aux quartiers périphériques.

L'objectif de la visite est de recueillir des informations qualitatives par le biais de conversations informelles, avec des questions préétablies sur le moment de l'activité sur le site, le moment de l'initiation, le nombre de membres participants et les festivités qui se déroulent dans les cours. Toutes ces informations ont été consignées dans mon carnet de terrain. Un aspect important remarqué lors du processus de visite était la volonté des pères et des mères du saint de répondre aux questions et, après la conversation, je recevais généralement l'invitation à revenir et à participer aux festivités du terreiro, en particulier la fête de Saint Sébastien qui est célébrée le 20 janvier.

Au cours des visites, on a constaté que les terreiros ont l'habitude de se rendre visite les uns aux autres lors des fêtes consacrées à l'orixá qui est le guide du terreiro. Cela a apparemment facilité la découverte de nouveaux terreiros, car à chaque conversation avec la mère ou le père d'un saint, on obtenait une liste de terreiros faisant partie de leur réseau de relations et pouvant être visités plus tard. Mais, d'autre part, certaines des informations étaient inexactes, n'indiquant que le quartier et la proximité de l'emplacement de la cour, indiquant le nom de la mère ou du père, ce qui rendait difficile la localisation de la cour. L'une des meilleures sources d'information, qui a été présentée lors du travail sur le terrain, était le Terreiro de Santa Bárbara, qui a considérablement élargi les adresses du terreiro à visiter.

La cible à atteindre avec les visites sont les mères et les pères des saints, car la dynamique du terreiro palpite autour du leadership religieux exercé par ceux-ci. L'importance du père et de la mère des saints consiste en ce qu'ils sont les dépositaires et les transmetteurs des connaissances sur les pratiques religieuses des cultes matriciels africains. Selon le père Totó, du Terreiro Santa Bárbara, ce n'est pas la personne qui choisit de devenir le père et la mère d'un saint, mais ce sont les orixás qui font ce choix par la maladie, le malheur en amour, ou toute autre forme de persuasion. Par conséquent, chaque père et mère d'un saint ne fait que suivre la volonté des orixás et remplir ses obligations en tant que gardien des orixás.

Pour que l'enquête ne se résume pas à une simple collecte de données et devienne un processus d'enquête participatif, j'ai assisté à quelques festivités de certains terreiros : la fête de São Sebastião au terreiro de Maria de Oxossi ; le Sábado de Aleluia au terreiro Santa Bárbara et Ogum de Ronda. Une autre technique utilisée pour obtenir des informations sur les caractéristiques des terreiros était la photographie. Les photos ont été prises avec un appareil photo numérique sony d'une résolution de 3 mégapixels. Ainsi, tous les chantiers disposent d'un enregistrement photographique[9] qui révèle certains aspects externes, comme les façades, et internes, comme l'implantation des orixás et des autels privés de chaque chantier.

Le défi de cette enquête était de se débarrasser de tout préjugé, car on ignore beaucoup de choses sur les pratiques religieuses africaines et de nombreux mythes sont construits sur les cours, les dépêches et les pères et mères des saints. Un autre obstacle à surmonter dans la localisation des terreiros est le fait qu'un grand nombre de terreiros n'ont pas d'indication extérieure visible et passent donc inaperçus pour la plupart des personnes qui parcourent les rues des quartiers. De plus, les Terreiros sont situés sur les mêmes terrains que les maisons des pères ou des mères de santo. Cet aspect a nécessité que de nombreux quartiers soient parcourus

---

[9] Au cours des recherches, certains terreiros n'ont pas permis l'utilisation de l'appareil photo, de sorte qu'il n'y a pas 100% de l'univers enregistré sur les photos. Les photos se trouvent dans mes archives privées et font partie de l'annexe A.

rue par rue pendant la période de cartographie, qui a débuté dans la deuxième moitié d'octobre 2006 et s'est achevée dans la deuxième moitié de mars 2007.

3.3 - LES TERREIROS MATRICIELLES AFRICAINES BIEN EN VUE.

En se promenant dans les quartiers de Boa Vista, on constate qu'il existe un univers afro-brésilien qui peut passer inaperçu aux yeux des moins attentifs ou de ceux qui s'obstinent à nier que la présence culturelle africaine fasse partie de la vie quotidienne de la ville. Mais les drapeaux blancs[10] hissés sur les bambous indiquent qu'en plusieurs endroits, les gens se rassemblent pour vénérer les orixás dans les terresiros de Candomblé et d'Umbanda. Cependant, tous les terreiros n'ont pas le drapeau blanc hissé, seuls les terreiros qui ont l'installation des orixás. Avec cela, il est courant de voir les drapeaux sur les terreiros qui s'y sont installés depuis longtemps. Nous pouvons également voir en dessous du drapeau blanc un drapeau vert, jaune, rouge ou d'une autre couleur hissé sur un bambou plus petit qui indique que dans ce terreiro il y a aussi un culte aux caboclos, c'est-à-dire, c'est un caboclo candomblé, fruit d'une approche du Candomblé avec l'Umbanda.

Les terreiros n'ont pas toujours une identification avec le nom visible sur la façade. Mais une autre caractéristique fondamentale est utilisée pour identifier le terreiro, l'existence de beaucoup de végétation et d'arbres, dans le patio des maisons, peut être utilisée comme critère pour trouver un terreiro à Boa Vista. Par exemple, à l'entrée de la cour du père Bokulê, il y a deux cocotiers, amenés de Bahia. Selon Pai Bokulê, cette plante est originaire d'Afrique et ses plants ont été apportés dans des navires négriers, car ce sont des feuilles sacrées de Xangô[11]. Les plantes font partie des terreiros parce qu'elles sont très importantes pour la religiosité africaine, parce que les feuilles libèrent un concentré essentiel de vie et d'harmonie dans l'univers.

Les terreiros sont généralement construits en maçonnerie, mais certains avec moins de ressources sont construits en bois. Il convient de rappeler ici qu'il existe une différenciation entre les terresiros de Candomblé et d'Umbanda. Dans la cour du Candomblé terreiro se trouvent les colonies des orixás, la maison des Ancestrais, la maison de l'Exu et la gira, il y a une salle dédiée aux initiés qui ne peut être visitée par des personnes qui n'ont pas été initiées. Les tambours et l'atabaque ont une place spécifique et le public se trouve autour de l'espace de

---

[10] Le drapeau blanc est l'identification des orixá de l'époque, voir photo en annexe A Terreiro Oxossi p 52 et photo drapeau blanc p 67.
[11] Cf. cahier de terrain du père Bokulê 04.01.07.

la gira qui est délimité par un petit mur. Là où se trouve le terreiro, il y a une salle spéciale pour le caboclo Candomblé, où les gens sont servis et le patio du terreiro est grand afin de pouvoir accueillir les personnes qui visitent le terreiro à l'occasion de fêtes. En Umbanda, il n'y a pas de colonies d'orixás, parce qu'en Umbanda il n'y a pas de sacrifice d'animaux, indispensable pour la colonisation des orixás. Mais aux quatre coins du terreiro, il y a l'autel des caboclos, le vieux noir, les orixás et l'autel central. Il y a également une salle spéciale pour que les gens puissent consulter le père ou la mère d'un saint. Une autre spécificité de l'Umbanda est la croisière, dédiée aux "âmes", une croix située à l'entrée principale du terreiro qui n'existe pas dans les terreiros candomblés.

Un autre aspect qui attire l'attention à l'intérieur des cours sont les drapeaux en papier de soie coloré qui servent de forum et de décoration de l'espace. Les couleurs des drapeaux symbolisent les orixás, car chaque orixá est identifié par sa couleur. Par exemple : Oxalá-blanc, Iansã-jaune, Oxossi-verde, Iemanjá-bleu, Ogum-bleu.[12] Les drapeaux sont retirés pendant le Carême, lorsqu'il n'y a pas d'activités dans les chantiers, et de nouveaux drapeaux sont placés à l'occasion de la reprise des activités festives le samedi de l'Alléluia. Certains terreiros ont des peintures des orixás à l'intérieur, ces peintures ont été observées surtout au Terreiro Ogum de Ronda, au[13]Templo de Iansã et à Santa Bárbara.

Dans les Terreiros, il y a une surévaluation des symboles, étant commun de remarquer à l'intérieur plusieurs icônes religieuses disposées dans des autels, des orixás et des drapeaux colorés qui portent une gamme incalculable d'informations pour la dynamique communautaire. Par conséquent :

> (...) Les symboles sacrés synthétisent l'*éthique d'*un peuple - *le* ton, le caractère et la qualité de sa vie, son style et ses arrangements moraux et esthétiques - et sa vision du monde - l'image qu'il se fait de ce que sont les choses aujourd'hui, ses idées les plus complètes sur l'ordre. Dans la croyance et la pratique religieuses, l'*ethos d'*un groupe devient intellectuellement raisonnable parce qu'il démontre un type de vie idéalement adapté à l'état actuel des choses que décrit la vision du monde, tandis que cette vision du monde devient émotionnellement convaincante parce qu'elle est présentée comme l'image d'un état réel des choses, particulièrement bien ordonné pour s'accommoder d'un tel type de vie. (GEERTZ : 1989 p. 104).

Ainsi, les Terreiros sont les gardiens d'une tradition et les perpétuateurs d'une perception du monde qui, indépendante de l'espace territorial, se transmet de génération en génération.

---

[12] Voir également SARACENI, op. cit. p. 178.
[13] Voir annexe A photo du Terreiro Ogum de Ronda p 51 et photo du Terreiro Templo de Iansã p 66.

C'est pourquoi il existe un engagement historique des pères et des mères de saints à transmettre et à perpétuer le savoir reçu de leurs ancêtres.

Les activités des terreiros présentent plusieurs particularités. Certains terreiros ont des "touches" fréquentes, tandis que d'autres ne font que sporadiquement leurs festivités. En général, il y a des "touches" dans les cours tous les quinze jours ou une fois par mois. Outre ces "touches", des festivités spéciales sont consacrées aux guides orixás du chantier. Les principales festivités sont : Iemanjá/Nossa Senhora le 1er janvier, Oxossi/São Sebastião le 20 janvier, Ibeji/Cosme et Damião le 27 septembre, Iansã/Santa Bárbara le 4 décembre et Santa Luzia le 13 décembre. Les boissons alcoolisées et la nourriture font partie des festivités, car elles sont également offertes aux orixás. Les festivités sont l'occasion pour les gens de visiter les terreiros, car les terreiros sont ouverts à tous les habitants du quartier et aux personnes sympathiques. Pendant les festivités, le terreiro reçoit souvent la visite du Pais de Santo de la part d'autres terreiros qui font partie du réseau. Les festivités commencent généralement à 20 heures et se poursuivent jusqu'à 2 heures du matin, mais elles peuvent aussi se prolonger jusqu'à l'aube, car cela dépend beaucoup du père et de la mère du saint et des personnes qui assistent à la fête. Cette particularité est due au Terreiro Centro Espírita Irmão Raimundo et au Terreiro Tenda São Pedro/ Xangô qui, différemment, exercent leurs activités pendant la matinée.

En vous promenant dans la ville et en entrant en contact avec les Terreiros, vous vous rendez compte qu'un aspect important de leur dynamique communautaire est celui des fêtes. Selon Amaral (2000), le but des festivités est d'affirmer ou de nier les valeurs sociales et il s'agit d'un partenariat entre les humains, les Orixás et d'autres divinités. Ainsi, les festivals de Terreiros consolident les relations, réaffirment les associations et expriment des visions du monde. Les fêtes sont des moyens de montrer ce que le groupe est et pense. Par conséquent, les fêtes dans les terreiros fonctionnent comme un dispositif de visibilité, car le toucher du tambour et le mouvement autour des terreiros montrent à la société qu'il existe un groupe qui exprime sa culture. C'est aussi dans les fêtes que les réseaux de relations sont réaffirmés et que la solidarité s'exerce, car dans la fête il y a beaucoup de nourriture, de musique et de joie.

L'une des caractéristiques les plus frappantes des terreiros visités est l'hospitalité. Les membres de la cour s'occupent tout particulièrement des visiteurs, en leur fournissant rapidement un endroit où s'asseoir, boire et manger. Ils présentent brièvement quelques règles telles que la non participation aux cuiras, car elles sont réservées aux initiés. Certains terreiros ont des règles plus strictes, telles que l'interdiction de porter des vêtements noirs et l'obligation de se soumettre à un rituel de purification avant d'entrer dans le terreiro.

Les terreiros sont concentrés dans les banlieues,[14]principalement à Hélio Campos, Silvo Bothelho, Cambará, Caranã, Tancredo Neves et dans les quartiers adjacents, c'est-à-dire les quartiers qui ont été créés par le gouvernement Roraima dans les années 1980. Ces données corroborent les informations fournies par Aimberê Freitas :

> Les anciens quartiers de Pintolândia 1, 2, 3 et 4, situés dans la périphérie de Boa Vista, comme leur nom l'indique, ont été attribués et construits par Ottomar lors de son premier mandat de gouverneur élu, et sont des redoutes traditionnelles de la ville. (...) se manifestant par cette redondance de la prédominance de leurs usages et coutumes (SOUZA : 2005 p 265).

Cependant, ce n'est pas seulement dans la périphérie que se trouvent les terreiros Candomblé et Umbanda, on peut trouver quelques terreiros traditionnels dans les quartiers proches du centre comme à Mecejana, São Vicente et São Francisco.

Pendant le tournage, j'ai pu observer que les gens du quartier connaissent les terreiros et ont une certaine relation avec eux. Néanmoins, dans certains cas, j'ai remarqué un certain malaise chez les gens lorsqu'on leur a demandé s'ils connaissaient, dans les environs, un jardin quelconque. Cela montre qu'il existe, dans une certaine mesure, des préjugés contre les cultes afro-brésiliens, car il n'est pas dit ouvertement que l'on fréquente ou que l'on connaît les habitants, mais la réalité est qu'ils font partie de la dynamique de la ville. J'ai pu observer, lors d'une de mes visites, des personnes cherchant de l'aide dans la cour. Selon Pai Totó, il y a peu de membres du terreiro, mais il y a beaucoup de visiteurs qui demandent de l'aide pour le travail qui y est fait.[15]

Pendant la période du travail de terrain, j'ai pu localiser 21 terreiros, dont la majorité, 71% s'identifient comme étant d'Umbanda et 29% se reconnaissent comme Candomblé. Les nations que l'on peut observer dans l'univers de Candomblé terreiros sont : Angola, Ketu et Nagô. Cependant, même s'il s'agit de Candomblé, il y a le Candomblé de Caboclo dans le terreiro à la suite de l'approche d'Umbanda.

---

[14] Voir la localisation de Terreiros sur la carte en annexe C p. 70
[15] Cf. Pai Toto, carnet de terrain 13.01.2007.

GRAPHIQUE 1

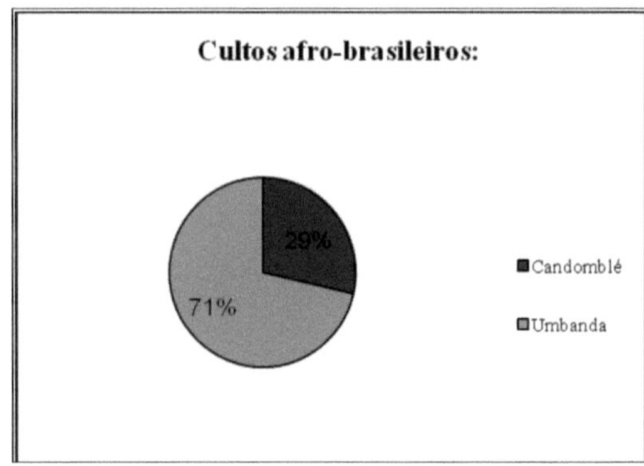

Les pères et les mères de Santo ne sont pas originaires de Roraima, ils viennent d'autres États brésiliens, 52 % sont originaires de l'État du Maranhão, 24 % de l'Amazonas et 24 % d'autres États de la fédération. Il est donc évident que dans le processus migratoire, il n'y a pas eu de perte d'éléments culturels, car ils ont maintenu leur activité spirituelle. Parmi les pères et mères de saints, seule la mère Silvia a été "faite dans le saint" à Roraima, les autres dirigeants ont eu leur initiation au Maranhão ou au Pará.

GRAPHIQUE 2

En analysant le temps d'activité des Terreiros, on peut vérifier que la migration des pères et des mères de santo souffre d'intervalles, qui peuvent être associés à d'autres éléments favorisant les cycles de migration vers les régions frontalières. Il a été observé que 24% des Terreiros sont en activité depuis plus de 20 ans, 47% sont en activité entre 10 et 20 ans, 19% sont présents à Boa Vista entre 05 et 09 ans et seulement 10% des Terreiros cartographiés ne présentaient pas la possibilité de connaître l'époque de leur activité dans la ville.

GRAPHIQUE 3

Une autre réalité observée dans les pérégrinations des Terreiros est que certains pères et mères de saints sont analphabètes ou ont un faible niveau de scolarité, ce qui peut représenter un obstacle pour l'organisation en associations et formaliser des actions qui donnent de la visibilité à leur religiosité, leur importance sociale et leur expression culturelle. Cela devient évident lorsque l'on voit que ce n'est que ces deux dernières années que des associations cultuelles afro-brésiliennes ont vu le jour à Boa Vista. La première à apparaître est l'Association Afro-brésilienne de Roraima, fondée le 10.01.06, ayant comme président "Mãe Sílvia" de Terreiro Ylê Axé Oba Agodô, et la seconde est l'Association de Spiritisme Ombandiste et les Cultes Afro-brésiliens de l'Etat de Roraima Santa Bárbara, fondée le 23.12.2006, ayant comme président le "Pai Totó" de Terreiro Santa Bárbara. Pendant que les recherches étaient menées, il n'y avait pas de nouvelles des affiliations.

En raison du faible niveau d'éducation des pères et mères de saints et de la tradition de transmission orale des connaissances dans les Terreiros des cultes à matrice africaine, les cultes afro-brésiliens peuvent s'inscrire dans la conception classique de la culture de Geertz :

> Il désigne un ensemble de significations transmises historiquement et incarnées dans des symboles, un système de conceptions héritées exprimé sous forme symbolique par lequel les hommes communiquent, perpétuent et développent leurs connaissances et activités en rapport avec la vie. (GEERTZ : 1989p. 103)

.

Comme l'une des fonctions du terreiro est de transmettre sa culture, il est peu probable que le nombre d'adeptes du culte afro-brésilien à Boa Vista ne soit que de 78 comme l'a compté l'IBGE. Selon la mère de Silvia, il y a 86 supporters dans sa cour, donc le nombre de l'IBGE n'est dépassé que dans une seule cour. Il est donc évident qu'il y a une difficulté, de la part de ceux qui fréquentent les cultes afros, à s'identifier comme praticiens du Candomblé et de l'Umbanda. Cela montre que la question de la discrimination et des préjugés fait partie de notre société dans les jeux sociaux et culturels qui qualifient certaines personnes comme étant meilleures et d'autres comme n'étant pas des citoyens. Dans la deuxième catégorie se trouvent les Afro-brésiliens qui pratiquent les cultes de la matrice africaine. Nous constatons que les personnes qui fréquentent les terreiros n'ont pas la liberté de s'identifier comme membres du Candomblé ou de l'Umbanda.

Les questions ci-dessus suffisent à justifier le problème que les Afro-brésiliens doivent devenir visibles dans la société brésilienne et roraim, et faire connaître et respecter leurs traditions culturelles. C'est donc par le modèle de comportement social de Roraima que les Afro-brésiliens sont rendus invisibles dans la sphère politique et sociale. Cependant, il est évident, d'après la cartographie des 21 terreiros de Boa Vista, qu'il existe une réalité afro-brésilienne qui palpite dans la hiérarchie sociale de la municipalité.

Il reste maintenant à faire passer de la marginalité au centre du débat anthropologique à Roraima les questions relatives à la culture noire de Roraima, afin que le facteur négatif qui, tout au long de l'histoire, est devenu l'identification des racines africaines pour les Afro-brésiliens puisse être déconstruit et ainsi élargir le débat sur l'inclusion sociale des Afro-brésiliens dans les politiques sociales de l'État comme la question autochtone a été abordée aujourd'hui.

La découverte de 21 terreiros à Boa Vista révèle qu'il existe un riche univers d'informations permettant à l'anthropologie de découvrir de nouvelles voies pour la construction de son "savoir" dans l'extrême nord du pays. Car nous ne pouvons comprendre cette société que si nous pouvons mettre en lumière sa propre façon d'être, de vivre et de concevoir le monde. Afin de percevoir les questions anthropologiques liées aux personnes d'origine africaine, nous devons brouiller notre regard afin de percer le mystère de la mosaïque culturelle qu'est Roraima.

Je comprends que cette cartographie puisse indiquer des pistes pour le développement de nouvelles recherches capables d'élucider les questions culturelles des Afro-brésiliens qui ont migré à Boa Vista et continuent à construire leur identité. Bien sûr, ces nouvelles recherches ne doivent pas suivre le vieil axiome de la supériorité occidentale, qui regarde ces gens d'en haut, et encore moins tomber dans les pièges de la théorie de la "démocratie raciale".

Par conséquent, je pense que le résultat de cette recherche est un support pratique pour le développement, dans l'exercice anthropologique, d'un groupe d'étude sur les questions liées à la culture d'origine africaine à l'UFRR. Je me souviens qu'à Roraima, nous trouvons non seulement des Afro-brésiliens, mais aussi des Afro-descendants de pays limitrophes de l'État.

REMARQUES FINALES

La localisation et la cartographie des terrasses du Candomblé et de l'Umbanda reposent sur l'hypothèse que les habitants du nord-est du Brésil préservent et pratiquent actuellement leur religiosité. Par conséquent, la cartographie ferait ressortir la manifestation culturelle et religieuse d'une partie de la population goodiste qui n'est pas facilement perçue par la société en général. De cette façon, la cartographie contribuerait à une plus grande visibilité sociale des Terreiros et de leurs visiteurs.

La municipalité de Boa Vista compte 50 quartiers. Pendant la période de cartographie, tous les quartiers ont été visités et 21 terreiros y ont été localisés, la plupart d'entre eux s'identifiant à 71% comme étant d'Umbanda et 29% comme étant candomblés. Les Terreiros sont concentrés dans les quartiers périphériques, anciennement appelés Pintolândias, qui sont aujourd'hui : Alvorada, le sénateur Hélio Campos, le Dr Silvio Leite et Santa Luzia. Cependant, il y a aussi des terreiros dans les quartiers plus centraux comme São Vicente, São Francisco et Mecejana.

L'un des plus anciens terreiros et qui exerce une certaine influence sur les autres terreiros situés dans les anciens quartiers de Pintolândia est le Terreiro Santa Bárbara do Bairro Cambará. C'est là que travaillent l'Association des spirites ombandistes et les cultes afro-brésiliens de l'État de Roraima Santa Bárbara. Outre l'Association Santa Bárbara, il existe à Roraima l'Association afro-brésilienne de Roraima, fondée le 10 janvier 2006 et présidée par la mère Silvia do Terreiro YLÊ AXÉ OBA AGODÔ (Maison du pouvoir du roi Xangô), située dans le Bairro Caranã. Certains terreiros candomblés sont affiliés à des associations hors Roraima, comme le Terreiro Alaguinã Axé Abeocuta - Fon qui est affilié à la fédération de Belém - PA.

Peu de terreiros avaient des liens avec des associations. En effet, les associations de Boa Vista sont en cours de formation et d'adhésion. Il y a également une certaine résistance parmi les dirigeants contre l'idée d'adhérer, car cela pourrait signifier "perdre la liberté", c'est-à-dire l'autonomie. D'autre part, l'émergence de deux associations révèle qu'il existe une certaine dissonance entre le Candomblé et l'Umbanda. Ce fait pourrait être analysé plus en profondeur pour découvrir les raisons qui ont conduit les deux groupes à former une association indépendante.

Un autre facteur à prendre en compte pour la fragile organisation des Terreiros est son histoire récente à Roraima, car ce n'est qu'avec le "boom du garimpo" dans les années 1980 que la population afro-brésilienne a considérablement migré vers l'État. Cela est évident quand on sait que 67% des Terreiros ont de 05 à 20 ans d'activité. Cette réalité est déterminante pour l'articulation d'une organisation plus efficace dans la représentation des terreiros au niveau des luttes politiques à Boa Vista.

Selon les informations des 21 pères et mères de saints qui ont été localisés dans cette cartographie, le nombre de membres fixes des chantiers à Boa Vista atteindrait le nombre de 344 personnes, en dehors des personnes qui sont adeptes des cultes afros, mais qui ne sont pas des membres fixes des chantiers.

En parcourant les quartiers de Boa Vista, on se rend compte qu'ils gardent, avec une grande convenance, la culture des diverses populations qui les conforment. Dans chaque quartier, où un Terreiro a été trouvé et cartographié, on observe l'ouverture magique des rideaux d'un riche univers culturel, qui valorise ce qui coûte le plus cher à ses habitants, la religiosité. Même si la société globale insiste pour ne pas percevoir l'existence d'un pulsar afro à Boa Vista, elle se révèle par le regard plus attentif de ceux qui arpentent les rues des quartiers de la ville.

Il est vrai que les Terreiros visités sont très différents les uns des autres. Certaines présentent des signes d'identification indéniables, en général elles sont aussi les plus structurées. D'autre part, il existe des petits terreiros, sans identification, et aux infrastructures précaires. Mais il y a quelque chose qui les unit : le réseau d'amitié. Car lorsqu'il y a une fête dans l'un d'entre eux, les membres des autres s'y rendent par solidarité. Ainsi, les grands terreiros et les petits sont pris par le même glamour lors des festivités de "leurs" Orixás respectifs. En ce sens, tous les Terreiros jouent le rôle de perpétuer une seule tradition culturelle et religieuse, en renforçant les liens entre la fraction de la population de Boa Vista qui pratique les religions à matrice africaine.

La religiosité afro-brésilienne a peu de notoriété ou de visibilité dans la vie quotidienne de cette ville, surtout pour ceux, la grande majorité des bons visiteurs, qui ne savent pas "lire" les signes avec lesquels les porteurs de celle-ci communiquent leur présence entre eux. Les terreiros eux-mêmes luttent, non pas tant pour plus de "visibilité", mais pour la reconnaissance sociale, en tant qu'expression culturelle propre à un peuple qui fait partie de la géographie de la ville. Mais en cela ils rencontrent quelques problèmes, notamment l'analphabétisme des dirigeants, car lors des visites j'ai pu constater que la majorité des pères et mères de saints ont un faible niveau d'instruction. Ils étaient analphabètes ou analphabètes fonctionnels. Par conséquent, sans éducation scolaire formelle, il devient difficile pour les populations de Terreiros de s'articuler et de s'organiser afin de lutter pour leurs droits et de pouvoir s'articuler avec la société en général.

Une étape importante dans la recherche d'une plus grande notoriété des Terreiros à Boa Vista a été la création des deux associations qui ont vu le jour ces deux dernières années. Grâce à ces initiatives, les Terreiros pourront enfin obtenir plus d'espace pour leurs manifestations religieuses et culturelles. Un signe dans ce sens a été la réalisation de la première rencontre de la population noire de Roraima, pour sa participation en tant que secteur spécifique à la Conférence d'État sur la sécurité alimentaire de Roraima. Cette rencontre a eu lieu le 15 mars 2007, au Terreiro Santa Bárbara,[16] à Bairro Cambará, en présence de plusieurs représentants des Terreiros de Umbanda et Candomblé existant à Boa Vista. À cette occasion, deux personnes ont été désignées pour représenter le peuple noir de Roraima à la Conférence nationale sur la sécurité alimentaire (CESAN), qui s'est tenue à la Casa Paulo IV, du 21 au 23 mars 2007,[17] et leurs noms ont donc été approuvés pour participer à la Conférence nationale sur la sécurité alimentaire, à Fortaleza-CE.

Notre "cartographie" des Terreiros à Boa Vista a joué un rôle important dans ce processus. Car, dans certains cas, les dirigeants et les membres des terreiros contactés ont profité de ce contact pour établir un lien de communication avec le CONSEA-RR (Conseil national de la sécurité alimentaire et nutritionnelle de Roraima) dans le cadre de la préparation de la réunion d'État, et aussi pour étendre, renforcer et mieux articuler le réseau de communication entre eux. Ainsi, cette recherche a contribué à la valorisation des Afro-brésiliens à Roraima. Notre travail de localisation et de cartographie des terreiros matriciels africains peut mettre en lumière un univers que la société globale, en particulier la société Roraima, s'obstine à ne pas voir, de sorte que cet effort académique a mis en lumière une réalité "africaine" dans la région du Nord.

Nous sommes convaincus que l'on ne peut pas continuer à affirmer que la tradition culturelle afro-brésilienne n'est présente que dans certaines régions du Brésil et pratiquement absente dans d'autres, en particulier en Amazonie, bien que l'un des centres reconnus de cette tradition, le nord-est du Brésil, constitue en même temps la région d'origine de la majorité des habitants actuels de l'Amazonie qui ont immigré ici au cours des 50 dernières années. Il serait naïf de penser que les migrants du nord-est ont laissé leurs traditions religieuses sur le bord de la route qui a historiquement résisté à l'Atlantique et aux souffrances de l'esclavage. L'identité culturelle des pères et des mères de Santo, formés aux pratiques religieuses du Maranhão, a résisté au long voyage vers Roraima, car la plupart d'entre eux, avant d'arriver dans l'État, sont passés par celui du Pará et n'ont pas laissé leurs pratiques de côté jusqu'à aujourd'hui.

---

[16] Voir annexe D p 71.
[17] Voir annexe D p 72.

La découverte de 21 Terreiros à Boa Vista a été plus qu'une agréable surprise. En plus de dépasser nos attentes initiales, la recherche nous a permis de plonger dans le monde afro, qui était couvert par les eaux noires des préjugés et de la discrimination d'une société qui nie encore systématiquement la valeur de la culture afro-brésilienne. A chaque visite aux Terreiros de Candomblé et Umbanda, un Boa Vista noir a été dévoilé, bercé par les tambours et les atabaques et pris en charge par la force transcendantale d'axé qui accompagne le peuple afro dans son histoire.

En ce sens, regarder les Terreiros, c'est constater une histoire de résistance et de lutte, une culture enracinée dans l'esprit de personnes qui ne se dissocient pas du passé ou de leur religion, qui, d'ailleurs, naît de la nécessité de donner des réponses aux événements vécus par des personnes dont la dignité de vie est menacée par des forces humaines et spirituelles. Par conséquent, la dynamique des Terreiros est complexe et chaque réponse trouvée n'aura de sens que dans son moment. Cela doit être le moteur de nouvelles recherches liées à la culture afro-brésilienne dans le Nord.

BIBLIOGRAPHIE

ANDREWS, George Reid. **Noirs et blancs à São Paulo (1888-1988).** São Paulo : EDUSC, 1998.

AMARAL, Rita de Cássi. Ville en fête : le povo-de-santo (et d'autres personnes) font la fête à São Paulo. Dans : MAGNANI, Jose Guilherme C. & TORRES, Lílian de Lucca (eds.). **La métropole :** textes d'Anthropologie urbaine. São Paulo : Fapesp, p 255-318, 2000.

AMARAL, Adilson Rogério do. **La tente spirite Pai João raconte son histoire et son fonctionnement ritualiste, mystique et syncrétique.** São Paulo : Compacta, 2003.

BARBARA, Rosa Maria Susanna. **Thérapie musicale en candomblé.** Disponible à l'adresse suivante : http://www.ffch.usp.br/sociologia/posgraduacao/jornadas/papers/. Consulté le 30 juin 2005.

BASTIDE, Roger. Le Brésil, terre de contrastes. 10e éd. in : **Brazil body and soul collection.** São Paulo : Rio de Janeiro : DIFEL, 1980.

BERKENBROCK, Volney J. **The experience of the orixás :** a study of the religious experience of candomblé. Petrópolis : Voix, 1997.

CARVALHO, José Jorge de. Les arts sacrés afro-brésiliens et la préservation de la nature. **Série Anthropologie**, Brasilia, n. 381, p. 2-19.

DAVIS, Darien J. **Afro-Brésiliens aujourd'hui.** São Paulo : Sceau noir, 2000.

FERNADES, Florestan. **Signification de la protestation noire.** São Paulo : Ed. Cortez, 1989.

FREITAS, Aimberê. **Géographie et histoire de Roraima.** Boa Vista, 2001.

FUNES, Euripedes. Notes personnelles de la conférence tenue à l'Auditorium de l'UFRR. Le 11 décembre 2006.

GEERTZ, Clifford. **L'interprétation des cultures.** Rio de Janeiro : LTC, 1989.

HASENBARG. Carlos A. **Discrimination et inégalités raciales au Brésil.** Dans : Sociology Series Vol. 10. Rio de Janeiro : Edições Graal, 1979.

IBGE. Recensement démographique, population résidente par couleur ou par race. Disponible à l'adresse suivante : http://www.sidra.ibge.gov.br >. Consulté en : août. 2006.

IBGE. Population de Boa Vista. Disponible à l'adresse suivante : www.ibge.gov.br-ibege-cidades@. Consulté le 1er mars 2007.

MAE/USP. Afrique : culture matérielle, philosophie et religion. Dans : **Afrique :** Culture et société. Guide thématique pour les enseignants. São Paulo.

RIBEIRO, Darcy. **The Brazilian people : the** formation and the meaning of Brazil. 2e éd. São Paulo : Companhia a das Letras, 1995.

ISAIA, Arthur César. Macumba en blanc. **Notre histoire,** São Paulo, n. 36, p. 28-32, octobre 2006.

LIGIÉRO, José Luiz. **Initiation au candomblé.** 8e éd. Rio de Janeiro : Record et nouvelle ère, 2004.

LOPES, Nei. **Bantos, identité maltaise et noire.** Janeir River : University Forensics, 1988.

RODRIGUES, Nina. **Les Africains au Brésil. 7e** éd. Brasília : Maison d'édition de l'UNB, 1988.

SANGIRARDI Jr, **Dieu de l'Afrique et du Brésil** : Candomblé et Umbanda. Rio de Janeiro : Civilização Brasileira, 1988.

SANTILLI, Paulo. **Pemongon Pata :** territoire de Macuxi, routes de conflit. São Paulo : Maison d'édition de l'UNESP, 2001.

SARACENI, Rubens. **Doctrine et théologie d'un ombanda sacré** : la religion des mystères, un hymne à l'amour de la vie. São Paulo : Madras, 2003.

SILVA, Vagner Gonçalves da. Les coins sacrés : le candomblé et l'usage religieux de la ville. Dans : MAGNANI, Jose Guilherme C. & TORRES, Lílian de Lucca (eds.). **La métropole :** textes d'Anthropologie urbaine. São Paulo : Fapesp, p 88-123, 2000.

SOUZA, Carla Monteiro de. Roriama et les immigrations. **Textes & Débats, Boa** Vista, n. 9, p.257-271, août/déc. 2005.

PRANDI, Reginaldo. **Les orixás et la nature.** Disponible à l'adresse suivante : www.okitalande.com.br.orixas_natureza.htm Accès le : 30 juin 2005.

http://www.axeoya.com.br/orixas.htm. Consulté le 1er juillet 2005.

http://www.edeus.org/port/candomblebr.htl. Consulté le 30 juillet 2005.

http://www.paisilvio.hpg.ig.com.br/ervasoxum.html. Consulté le 30 juillet 2005.

http://www.thecauldronbrasil.com.br/article/view/138/1/5. Consulté le 30 juin 2005.

www.boavista.rr.gov.br. Consulté le 5 mars 2007.

ANNEXE A

TERREIRO ÁBASSA D'ANGOLA TATA BOKULÊ

Source : Günter B. Padilha 04.01.2007

Vue de l'entrée du Terreiro Ábassa D'angola Tata Bokulê

Source : Günter B. Padilha 04.01.2007

Colonie d'Orixá

Terreiro ÁBASSA D'ANGOLA TATA BOKULÊ (Maison de la force noire du fils et du père du chasseur), de la Nation angolaise - Candomblé. Il est situé dans la rue Sorocaima, au coin de l'Uraricuera n° 216, dans le Bairro São Vicente et a pour nom Pai-de-santo Bokulê, originaire de Manaus - AM. Les deux arbres devant sont des acocos, apportés de Bahia. Selon Pai Bokulê, cette plante est originaire d'Afrique et ses plants ont été amenés dans des bateaux d'esclaves, car ce sont des feuilles sacrées de Xangô.

TERREIRO OGUM DE RONDA

Source Günter B. Padilha 10.03.2007

Entrée du chantier naval Ogum de Ronda avec installation de l'Orixá do tempo

Source Günter B. Padilha 10.03.2007

Autel et peintures d'orixás à l'intérieur du Terreiro

Le Terreiro Ogum de Ronda- Umbanda est situé à Rua : N 13 Q 232, 1939 - Le sénateur Hélio Campos, a 13 ans d'activités et ses principaux partis sont : le 20 janvier : Oxossi/ São Sebastião, le 24 juin : Xangô, le 15 août : Janaina, le 28 octobre : Zé Pelinta et le 8 décembre : Ogum. Le terreiro compte 10 membres fixes et reçoit en moyenne 60 visiteurs. Il est ouvert au public le samedi de 19h00 à 02h00. La Mère de la Sainte est Mme Antonia Maria da Conceição "Goiabana - Adigina".

RELIEF OXOSSI

Source Günter B. Padilha 20.01.. 2007

Entrée d'Oxossi Terreiro, établissement de l'Orixá do Tempo avec des fruits.

Source Günter B. Padilha 20.01.2007

A l'intérieur du Terreiro avec des feuilles éparpillées sur le sol

Terreiro Oxossi- Umbanda est situé à : Rua Agnelo Bittencourt, 1212 - São Francisco, c'est 30 ans d'activités et ses principales fêtes saines : le 01 janvier : Iemanjá, le 20 janvier : Oxossi, le 23 avril : São Jorge, le 13 mai : Preto Velho, le 23 juin : São João et le 27 septembre : Cosme e

Damião. Le Terreiro compte 10 membres fixes et reçoit en moyenne 50 visiteurs lorsqu'il est ouvert au public le samedi de 20 à 24 heures. La direction de Terreiro est exercée par Mãe-de-Santo Maria José de Oliveira - "Maria do Oxossi", née à Fortaleza - CE et a commencé à Porto Velho - RO à 43 ans. Le Terreiro est identifié par des drapeaux de la couleur des orixás, à l'entrée il y a des buissons et des fleurs, l'intérieur est vaste où se déroulent les danses en cercle, où se manifestent les orixás, il y a un espace dédié aux tambours qui se trouve sur le côté droit de l'autel central, sur le côté droit de la porte d'entrée se trouve l'autel dédié au Preto Velho et sur le côté gauche se trouve l'autel dédié aux caboclos. Le terreiro n'est affilié à aucune association culte afro-brésilienne.

LES ANCIENS MESSAGERS DE LA PAIX

Source Günter B. Padilha 20.01.2007

Autel de la jolie colombe dans la cour Messagers de la paix

Le Terreiro Mensageiros da Paz- Umbanda, est situé à Rua : Agnelo Bittencourt, 1354 - Bairro São Francisco, est en activité depuis 15 ans sous la direction de Mãe-de-Santo Iromar Anselmo de Queiroz, originaire d'Itaurama-MG. La présence au public a lieu tous les lundis et jeudis de 20h00 à 24h00. Actuellement, Terreiro compte 30 membres fixes et reçoit la visite d'environ 80 personnes. Ses principaux partis sont : le 1er janvier : Iemanjá, le 20 janvier : Oxossi, le 23 avril : Ogum/ Pomba Gira, le 13 mai : Preto Velho, le 19 août : Pomba Gira Cigana et le 27 septembre : Cosme e Damião.

Selon la mère Iromar, les principales caractéristiques de sa cour sont les suivantes : "L'ombanda de la ligne Kardecista ne joue pas du tambour dans la cour, mais seulement dans certaines fêtes. Tous les lundis et jeudis, le terreiro a des travaux de passe, de conseil, de préparation des bains et de déchargement".

La cour n'a pas d'identification visible et est petite, située à l'arrière de la maison de Dona Iromar. De la porte d'entrée de celui qui situe l'autel central, à votre gauche et il y a une petite pièce pour les travaux des "dépêches" d'Exu. Sur le côté droit de la porte, il y a une chaise en velours rouge où la colombe Gira incorpore et conseille les gens. Dans les fêtes, il est utilisé pour les boissons alcoolisées (bière). Le premier emplacement du terreiro était près du journal Folha de Boa Vista, sur la Rua Antônio Augusto Martins. Le terreiro n'est affilié à aucune association culte afro-brésilienne. Lorsqu'il y a une fête, il est courant que le Terreiro reçoive la visite de Pai de Santos et de membres d'autres Terreiros de la ville.

NAGÔ MINE TENTE SACRÉE BARBARE

Source Günter B. Padilha 20.01.2007
Autel de Iemanjá à Seara Tenda Santa Bárbara Mina

La Seara Tenda Santa Bárbara Mina Nagô- Umbanda, située à l'Av. São José, 602 - Alvorada, est en activité depuis 06 ans, ses principaux partis sont : 01 janvier : Iemanjá, 20 janvier : Oxossi/ São Sebastião, 04 octobre : São Francisco, 27 septembre : Cosme e Damião et 13 décembre : Santa Luzia. La présence de ses 08 membres fixes et des 20 visiteurs a lieu tous les quinze jours, le samedi, de 20h00 à 24h00. La direction du terreiro est à la charge de Mãe-de-santo : Maria de Jesus Silva - "Maria de Jesus", née à Esperantinópolis - MA, a été initiée il y a 30 ans, à Brejo de Areia - MA.

Deuxième mère Marie de Jésus : son jardin est appelé "seara" parce qu'il n'a pas de tambour. C'est pourquoi les mignons sont animés par les applaudissements des participants. Les travaux de la cour sont des prières, des bains, des bouteilles et des conseils. Les plus mignons ont lieu tous les quinze jours. Marie de Jésus est également sage-femme, comme elle le dit : "J'ai le don de tailler les enfants". Avant l'arrivée de Roraima, elle avait un jardin dans la ville d'Itaituba - PA. La cour est d'une simplicité singulière, construite en bois, située à l'arrière de la maison. En marchant le long des avenues, vous ne remarquez pas l'existence de la cour, car il n'y a pas d'identification. Dans le jardin, il y a des tuyaux et quelques buissons. L'intérieur de la cour est similaire aux autres cours, avec de l'espace pour la danse et des autels. Le terreiro est en train de rejoindre la récente Associação Culto Afro-brasileiro Santa Bárbara. Dona Maria de Jesus est le superviseur du rituel de l'association.

SAINTE BARBE

Source Günter B. Padilha 10.03.2007
Façade du Terreiro Santa Barbara

Source Günter B. Padilha 27.01.2007
Mignon en Terreiro Santa Barbara

Le Terreiro Santa Barbara - Umbanda est situé à Rua : Armando Nogueira,2997 - Cambará, a 21 ans d'activité. Ses principaux partis sont les suivants : 1er janvier : Iemanjá, 20 janvier : Oxossi/ São Sebastião, 4 octobre : São Francisco, 27 septembre : Cosme e Damião, 13 décembre : Santa Luzia. Le Terreiro est ouvert au public le troisième samedi du mois de 20h à 14h. Le Terreiro compte 10 membres fixes et reçoit environ 60 visiteurs. Le leader du Terreiro est le Pai Totó- Antônio Vitorino da Conceição de Caxias - MA, initié par Zé Bruna Nazaré, et président de l'Associação Culto Afro-Brasileiro Santa Bárbara, dont le Terreiro est le siège. Le Terreiro dispose d'une grande salle pour la gira montrant qu'elle est bien fréquentée, d'autels aux quatre coins, comme les autres terreiros visités, et d'un endroit spécial pour que les femmes puissent se changer.

TERREIRO SÃO JORGE (OGUM)

Source Günter B. Padilha 20.01.2007
Façade du Terreiro São Jorge (Ogum)

Source Günter B. Padilha 20.01.2007

Autel du Terreiro São Jorge (Ogum)

Le Terreiro São Jorge (Ogum) - Umbanda est situé à la Rua : Antônio Batista Miranda , 912 - Equatorial, mais il ne peut être observé par ceux qui passent dans la rue, car il est situé à l'arrière de la résidence de la Mère de Sainte "Fátima São Jorge" - Maria de Fátima Pereira Aragão. Le terreiro existe depuis 11 ans et a comme principaux partis : 20 janvier : Oxossi/ São Sebastião, 27 septembre : Cosme et Damião, 13 décembre : Santa Luzia. Ses activités ont lieu une fois par mois, mais sans date fixe, de 19h à 2h du matin. Le terreiro compte 12 membres fixes et reçoit la visite d'environ 40 personnes pour les activités. Mère Fatima est originaire de Teresina - PI, a été créée il y a 45 ans dans la ville d'Itaituba- PA par Maria de Jesus Silva.

TERREIRO SANTA BARBARA (quartier de Pintolândia)

Source Günter B. Padilha 13.01.2007

Façade du Terreiro Santa Barbara

Source Günter B. Padilha 13.01.2007
Autel de Preto-Velho en Terreiro Santa Barbara

Le Terreiro Santa Bárbara- Umbanda est situé dans le fret vers le poste de santé de la Praça Germano à Pitolândia, à la Rua N-8 casa 736. Il a 10 ans d'activités et ses principales fêtes sont : le 20 janvier : Oxossi/ São Sebastião, le 30 août : São Raimundo, le 27 septembre : Cosme e Damião, le 4 octobre : São Francisco et le 4 décembre : Santa Bárbara. Ses activités se déroulent de 20h00 à 24h00, avec la participation de 09 membres fixes et de nombreux visiteurs. Le chef du Terreiro est la mère "Maria das Graças" - Maria das Graças Santos Reis, née à Bacabal - Ma. Le Terreiro est en train de rejoindre l'Association. L'intérieur du terreiro est illustré par des images amazoniennes.

TERREIRO YLE AXÉ YA PAMILADE - KETU- CANDOMBLÉ NATION

Source Günter B. Padilha 15.01.2007
Vue de la rue Terreiro Yle Axé Ya Pamilade - Ketu- Nation

Le Terreiro Yle Axé Ya Pamilade est situé à Rua : Guilherme Brito, 342 - Liberdade. Ses principales fêtes sont : le 1er janvier : Iemanjá, le 20 janvier : Oxossi/ São Sebastião, le 4 octobre : São Francisco, le 27 septembre : Cosme e Damião, le 13 décembre : Santa Luzia, les heures d'ouverture sont de 21h00 à 01h00. Avec le nombre de 25 membres fixes, elle reçoit encore environ 70 par parti. Le chef du Terreiro est "Pai Mario", né à Manaus - AM. Le Terreiro est identifié par un panneau qui annonce les services du Terreiro et par un drapeau blanc. A l'entrée, il y a beaucoup de buissons et d'arbres. La salle de la gira est grande et comporte plusieurs peintures d'orixás et plusieurs établissements d'Orixás sont situés.

THE TERREIRO TENT SÃO PEDRO/ XANGÔ

Source Günter B. Padilha 15.01.2007

"La croisière" et la mère de Sainte "Maria Maranhense"

Source Günter B. Padilha 15.01.2007

Autel de l'Orixá des enfants du Terreiro Tenda São Pedro

Le Terreiro Tenda São Pedro/ Xangô- Umbanda est situé à Rua : Pedro Vasconcelos, 523 - Liberdade, a 27 ans d'activités et ses principaux partis sont : 29 juin São Pedro, 27 septembre : Cosme e Damião, 4 décembre : Santa Bárbara. Ses activités ont lieu tous les samedis de 8h à 10h, le seul terreiro qui fait ses fêtes pendant la journée. Elle compte 09 membres fixes et reçoit la visite de 20 personnes qui sont dirigées par Maria Filomena Texeira - "Maria Maranhense", née à Santa Inês - MA et qui a 50 ans d'initiation. Le Terreiro a déjà subi trois incendies et a été reconstruit pour continuer les obligations de Maria Maranhense. Il n'est pas associé à une association afro-culte.

TERREIRO ALAGUINÃ AXÉ ABEOCUTA

Source Günter B. Padilha 18.01.2007

Façade du Terreiro Alaguinã Axé Abeocuta - Fon

Le Terreiro Alaguinã Axé Abeocuta - Fon- Candomblé est situé à Rua : Ivone Pinheiro, 1445 - Tancredo Neves I. Avec 17 ans d'activités, j'ai l'habitude de célébrer les fêtes suivantes : 1er janvier : Iemanjá, Oxossi/ São Sebastião, 21 janvier : caboclo Ita-Bandeira, samedi d'Aleluia, 13 juin : Caboclo Simamba, 31 août : Exú, 13 décembre : Santa Luzia/ cabocla Mariana. Les activités en Terreiro se déroulent de 17h00 à 22h00 pour les consultations et les activités de développement de Santo et de   19h00 à 04h00 pour l'accomplissement des parties. Il y a 20 enfants de Santo (membres fixes) et 50 visiteurs qui participent à la dynamique du Terreiro qui est sous la direction de YATILYSA LEFAN - "Mãe zeladora de Santo", né à Manaus - AM et commencé (la fabrication de Santo) à Belém - PA.

Le terreiro est identifié par son nom sur la façade, visible depuis la rue et par le drapeau blanc, orixá de l'époque. Il y a un coup de poing élevé qui empêche de voir de la rue l'espace consacré aux consultations et aux "mignons". Le terreiro est construit en maçonnerie et dispose d'un grand espace pour l'accomplissement des rituels. La maison de la Mère de la Sainte se trouve au fond de la cour. Le terreiro a aussi le culte des caboclos, le culte lié à l'Umbanda, mais avec quelques différences des identités qu'ils incorporent, dans le candomblé sont les Turcs et les bandeirantes et dans l'Umbanda sont les boiadeiros. Le terreiro est affilié à la fédération de Belém - PA.

CENTRE SPIRITE FORMIDABLE FRÈRE RAIMUNDO

Source Günter B. Padilha 30.01.2007

Façade du Terreiro Centro Espírita Frère Raimundo

Source Günter B. Padilha 30.01.2007

Le père Raimundo devant l'autel

Le Terreiro : Centro Espírita Irmão Raimundo,- Umbanda, est situé Rua : Luiz Laranjeira, 87 coin avec Rua : Quintino Level Lima- Mecejana. Le Terreiro est en activité depuis 23 ans et ses principaux partis sont : le 20 janvier : Oxossi/ São Sebastião, le 31 mai : São Raimundo, le 4 décembre : Santa Bárbara, le 8 décembre : Nossa Senhora da Conceição. Les activités ont lieu tous les quinze jours de 7h30 à 11h30 avec 20 membres fixes et 30 visiteurs. La direction du Terreiro est exercée par le "Pai Raimundo" - Raimundo Policarpo de Souza, né à Bacabal - MA, créé il y a 34 ans.

TERREIRO SÃO FRANCISCO

Source Günter B. Padilha 03.03.2007

Façade du Terreiro São Francisco avec la "croisière" dédiée aux âmes

Source Günter B. Padilha 03.03.2007

Colonie d'Orixás Terreiro São Francisco

Le Terreiro São Francisco - Umbanda, est situé au S14 - Av. Monteiro Reias, 491 - Senador Hélio Campos, a 09 activités et ont comme principales fêtes : 20 janvier : Oxossi / São

Sebastião, 27 septembre : Cosme et Damião, leurs activités (tambor de tambour) ont lieu tous les 20 jours de 19:00 - 02:00. Actuellement, il compte 10 membres fixes et environ 15 visiteurs par activité. Le leadership est exercé par "Mãe Francisca" - Francisca Borges da Silva "Francisca", née à Santa Luzia - MA, elle a été initiée il y a 10 ans.

Les vêtements noirs ne sont pas autorisés dans la cour et ne sont accessibles qu'après s'être baignés et avoir fumé. L'initiation de Francisca était due à une maladie. La fête de São Sebastião se déroule dans les bois et non dans le Terreiro, quand le moment de la fête arrive, tout le Terreiro est transplanté dans les bois pour la fête. "Mère Francisca informe que les drapeaux colorés du Terreiro représentent les orixás. Ces informations ont été recueillies le 03/03/07.

TERREIRO OGUM ROMPE MATO

Source : Günter B. Padilha 03.03.2007
Vue de la maison d'Exú

Le Terreiro Ogum Rompe Mato - Umbanda et Candomblé, est situé à Rua : Capitão Francisco Ferreira, 259 - Mecejana, a 28 ans d'activités et organise les fêtes suivantes : 27 janvier : Ogum, 8 mai : Preto Velho, 25 novembre : Dona Cigana et 29 novembre : Dona Mariana. Le calendrier de ses activités va de 20h00 à 24h00. Actuellement, il y a 08 membres fixes à Terreiro et environ 15 personnes s'y rendent pendant les fêtes. Le dirigeant de Terreiro est "Pai Saadi de Iemanjá", un natif de Rio de Janeiro - RJ et qui travaille dans ce secteur depuis 58 ans.

Le Terreiro est situé à l'arrière de la résidence, construit en maçonnerie. Il n'y a pas d'identification externe du Terreiro. Le chantier appartient à Lucrecia qui est malade. Mais il est commandé par Saadi de Iemanjá de la nation Fon. C'est pourquoi Terreiro a des activités liées à Umbanda et Candomblé. Le 3 mars 2007, lorsque je suis allé rendre visite à Terreiro Saadi de Iemanjá, il n'était pas là. Les informations présentées ici ont été fournies par Pergigã.

TERREIRO SÃO FRANCISCO

Source Günter B. Padilha 03.03.2007
Façade du Terreiro São Francisco

Le Terreiro São Francisco - Umbanda, est situé depuis 20 ans à la Rua : Puraque n° 1873 - Santa Tereza II. Les principales festivités sont : le 4 octobre : Saint François et le samedi de l'Alléluia. Les "batuques" ont lieu tous les quinze jours avec 04 membres fixes et 30 visiteurs. La "Mãe Conceição", née à Pedreira-MA, a 40 ans d'initiation.

La construction de la maçonnerie, peinte en blanc et avec une croisière visible à travers quelques buissons, révèle l'existence du Terreiro. Cependant, il n'y a pas d'identification du Terreiro qui se trouve à côté de la résidence de "Mãe Conceição".

"Mère Conceição" se sentait mal à l'aise en ma présence et n'a donc pas permis l'entrée de la cour, seulement une photo extérieure de la cour.

TERREIRO YLÊ AXÉ OBA AGODÔ

Source Günter B. Padilha 04.03.2007
Façade du Terreiro YLÊ AXÉ OBA AGODÔ

Source Günter B. Padilha 04.03.2007
Installation d'Exú en Terreiro YLÊ AXÉ OBA AGODÔ

Le Terreiro YLÊ AXÉ OBA AGODÔ (la centrale électrique du roi Xangô) - Candomblé - Nação Ketu, est situé à Rua : Soldado Gudivaldo, 102 - Caranã et a 12 ans d'activités. Les principales fêtes organisées dans le terreiro sont les suivantes : 10 février : Maria Padilha (colombe Gira), 20 avril : José Raimundo (Boiadeiro), 23 juin : Xangô - (São João Batista),14 juillet : Júlio Galego (marin),11 octobre : Ciganas. Les activités commencent à 20h00 et se terminent à 24h00. Le Terreiro compte 88 membres fixes et 100 personnes lui rendent visite à l'occasion des festivités. La direction est exercée par "Mãe Sílvia" - Severiano Miranda de Oliveira Silva, né à Óbidos - PA et a 38 ans d'initiation.

Il n'y a pas d'identification qui permette de localiser le Terrero depuis la rue. Mais les gens du quartier connaissent Terreiro et lui donnent les informations nécessaires pour l'atteindre. Mère Silvia" a été réalisée dans la sainte à Roraima, où elle vit depuis l'âge de deux ans. Les années précédentes, elle avait fait du terreiro dans la ville de São Luís do Anauá - RR et à Parintins -AM. Il est actuellement le président de l'Association afro-brésilienne de Roraima, fondée le 10 janvier 2006.

TEMPLE YANSAN

Source : Günter B. Padilha 10.03.2007
Façade du temple Terreiro de Iansã

Source : Günter B. Padilha 10.03.2007
Tambours dans la cour du temple de Iansã

Le Terreiro Templo de Iansã - Umbanda, est situé à Rua : N 15 com S 17- Hélio Campos depuis 07 ans et a ces fêtes : 01 de Janeiro : Iemanjá, 20 de janeiro : Oxossi/ São Sebastião, 29 de junho : São Pedro, 03 de dezembro : Iansã. Ses activités commencent à 17h et se terminent à 7h. Les membres fixes sont au nombre de 14 et les visiteurs sont environ 70 personnes. Le chef du Terreiro est "Mãe Quina Bomborosi" - Francisca Silva de Sousa, née à Venturino Filho - MA et il y a 43 ans, elle a été initiée à la sainte. Un drapeau blanc hissé en bambou et un panneau sur la façade du terreiro facilitent son repérage.

Drapeau blanc

Source : Günter B. Padilha 03.03.2007

Drapeau blanc "Orixá do Tempo

Le drapeau blanc situé à Rua : Estrela Dalva - Raiar do Sol indique qu'un Terreiro de culto afro-brésilien travaille ici. Cependant, il n'a pas été possible de prendre contact avec les dirigeants de ce lieu. Selon les informations de "Mãe Ossilene" (02.14.07), c'est un Candomblé Terreiro et il est dirigé par "Mãe Maria Helena" qui vit à Manaus-AM.

ANNEXE B

PAS D'INFORMATIONS SUR LES PHOTOS

Le Terreiro Oxossi- Umbanda, situé Rua Carmelo, 93 - Sílvio Botelho, a 09 ans d'activités et ses principales fêtes sont : 20 janvier : Oxossi,   6 février : Cabocla Brava, 28 février : Cabocla Tereza Légua, 27 mars : Caboclo Sibamba, 27 septembre : Cosme e Damião, 18 novembre : Caboclo Ubirajara, 8 décembre : Cabocla Mariana. L'activité à Terreiro a lieu chaque samedi de 20h30 à 24h00 avec la participation de 25 membres et d'environ 50 invités. La direction de Terreiro est celle de "Mae Osilene" - Osilene Garcia Márquez, née à Borba - AM, a été initiée il y a 27 ans.

La petite cour en bois, peinte en vert, se trouve devant la maison de la mère du saint, au bout de la rue Carmelo. Comme il y a peu de place pour faire les tours, ils se déroulent dans la cour du Terreiro. Au milieu du Terreiro, il y a tous les autels qui existent dans d'autres terreiros. Il n'y a pas beaucoup de plantes autour de Terreiro. Selon Osilene, le Terreiro a fonctionné pendant huit ans au début de la rue Carmelo et était plus grand que l'actuel. Informations recueillies le 14.02.07.

La Seara de Oxalá- Umbanda, située à la Rua Dona Cota Vieira n° 1239- Caimbé, a 10 ans d'activités et la fréquentation du public est du lundi au vendredi de 8h à 12h et de 13h à 18h. Chez Seara, il n'y a pas de fêtes, seulement des lectures de lettres et des rituels de guérison. Seara est dirigée par "Mãe Zilmar" - Zilmar Pereira Borges, née à Santa Inês -MA et née il y a 21 ans.

À Seara, il n'y a pas de membres fixes, mais seulement des visiteurs qui recherchent les œuvres de clairvoyance et de guérison. Il est situé à l'arrière de la résidence de Zilmar, il se compose d'une petite pièce en bois non peinte avec quelques fougères suspendues au mur extérieur, quelques poulets en liberté dans la cour. A l'intérieur, il y a un autel et plusieurs images de saints. Rien n'indique que les gens qui passent dans la rue puissent identifier Seara, mais les gens du quartier savent où Mme Zilmar se rend. Mme Zilmar a informé que son Seara, auparavant, était situé près de la foire de Buriti. Avant de venir à Roraima, Mme Zilmar a travaillé dans la ville d'Itaituba au Pará.

Un autre détail important rapporté par Mme Zilmar est que pendant le Carême, elle fait des chaînes de prières tous les vendredis, donc à cette occasion il n'est pas opportun de lui rendre visite.

Tereiro São Jorge - Umbanda/Quimbanda, est situé à Rua : Zuldimar Saraiva de Pinho, 636- 18 com a V - Jardim Caranã, environ 12 ans. Ses principaux partis sont : le 1er janvier : Iemanjá, le 20 janvier : Oxossi/ São Sebastião, le 8 mai : Preto Velho, le 27 septembre : Cosme e Damião, le 23 septembre : Nego Gerson, le 27 octobre : Chica baiana. Les membres fixes de Terreiro sont au nombre de 32 et 100 autres personnes l'habillent régulièrement lors de ses activités de 20h à 1h30 du matin. La direction de Terreiro est en charge de "Mãe Conceição Loura", née à Bacabal - MA et âgée de 45 ans.

Dona Conceição n'a pas permis que la cour soit vue, et encore moins qu'elle soit photographiée. Cela reste un mystère, une curiosité de voir à quoi ressemble cette cour. Les informations ont été recueillies le 04.03.07

ANNEXE C

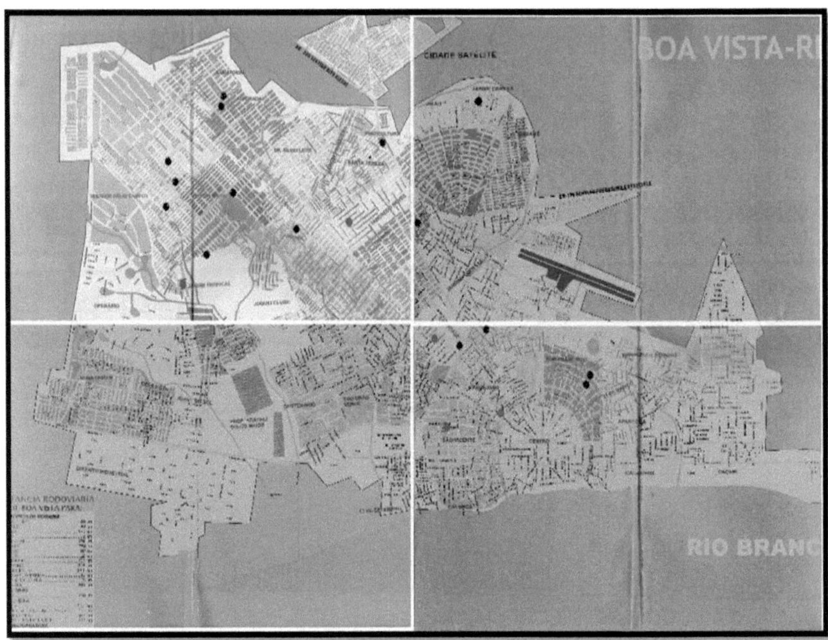

Plan de la ville de Boa Vista avec l'emplacement des chantiers Umbanda et Candomblé

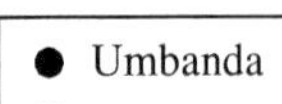

ANNEXE D

I RENCONTRE DE LA POPULATION NOIRE DE RORÉGA

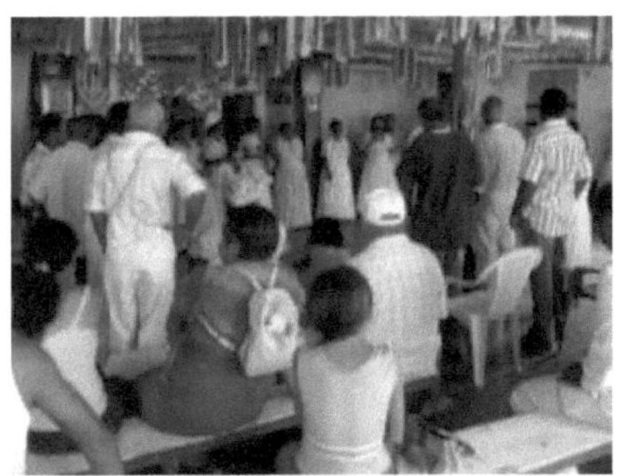 

Source : Günter B. Padilha 15.03.2007

Discussion de groupe sur l'importance des Terreiros dans la sécurité alimentaire.

Source : Günter Bayerl Padilha, 15.03.2007

Filles de la Sainte

CONFÉRENCE NATIONALE SUR LA SÉCURITÉ ALIMENTAIRE - BONNE VUE - RR

Source : Günter B. Padilha 21.03.2007
Acte d'ouverture de la conférence au Palais de la Culture

Source : Günter Bayerl Padilha. 22.03.2007
Conférence : "La question noire à Roraima", donnée par l'universitaire en sciences sociales de l'UFRR de Neygila Santos, lors de la conférence à la Casa Paulo VI.

Printed by Books on Demand GmbH, Norderstedt / Germany